Vishal Goar

Técnicas de recolha de energia para redes de sensores subaquáticas

Vishal Goar

Técnicas de recolha de energia para redes de sensores subaquáticas

ScienciaScripts

Imprint
Any brand names and product names mentioned in this book are subject to trademark, brand or patent protection and are trademarks or registered trademarks of their respective holders. The use of brand names, product names, common names, trade names, product descriptions etc. even without a particular marking in this work is in no way to be construed to mean that such names may be regarded as unrestricted in respect of trademark and brand protection legislation and could thus be used by anyone.

Cover image: www.ingimage.com

This book is a translation from the original published under ISBN 978-620-2-30732-1.

Publisher:
Sciencia Scripts
is a trademark of
Dodo Books Indian Ocean Ltd. and OmniScriptum S.R.L publishing group

120 High Road, East Finchley, London, N2 9ED, United Kingdom
Str. Armeneasca 28/1, office 1, Chisinau MD-2012, Republic of Moldova, Europe
Printed at: see last page
ISBN: 978-620-8-23580-2

RECONHECIMENTO

Antes de mais, estou grato a Deus Todo-Poderoso por me ter dado a possibilidade de concluir este livro.

Gostaria de expressar a minha mais profunda gratidão ao meu irmão, Sr. Sanjay Gaur, ao Jiju, Sr. G.S. Sharma, e aos meus amigos pelo seu apoio total, orientação especializada, compreensão e encorajamento ao longo deste livro.

Gostaria também de agradecer a todos os amigos que me ajudaram direta e indiretamente durante a minha investigação.

Por último, gostaria de agradecer à minha mulher Anita Gour e à minha mãe Smt. Sushila Devi pelo seu amor e apoio incondicionais durante o meu trabalho de investigação. Não teria sido capaz de completar este livro sem o seu amor e encorajamento contínuos.

Isenção de responsabilidade: - O material de recurso publicado neste livro pertence aos respectivos autores e sítios Web. Este livro não reivindica a sua propriedade ou autoria

ÍNDICE DE CONTEÚDOS

CAPÍTULO 1

INTRODUÇÃO

INTRODUÇÃO À REDE DE SENSORES SUBAQUÁTICOS

Como classificamos totalmente que a ciência da computação tinha posicionado magnificamente a rede de sensores na terra e no corpo humano, mas ainda debaixo d'água é área incólume e nossa porção 2/3rd do globo é fechada com água do mar. As redes de sensores subaquáticos (UWSN) são a estrutura de anúncio emergente e auspiciosa que capacita uma ampla gama de aplicações imperativas. As caraterísticas da largura de banda parcial existente, o enorme atraso de propagação e a elevada taxa de falhas de bits (BFR) colocaram vários desafios essenciais [1] [2]. Os veículos subaquáticos não tripulados ou autónomos (UUVs, AUVs), equipados com sensores subaquáticos, estão também previstos para descobrir aplicações na exploração de recursos naturais submarinos e na recolha de dados científicos em missões de monitorização colaborativa. Estas aplicações potenciais serão completamente viáveis se forem permitidas comunicações entre dispositivos subaquáticos. As redes de sensores acústicos submarinos (UW_ASN) implicarão sensores e veículos posicionados debaixo de água e ligados em rede através de ligações acústicas para realizar tarefas de monitorização em colaboração.

As redes de sensores acústicos submarinos permitem uma vasta gama de aplicações, incluindo [3]:

- **Rede de amostragem oceânica - Redes** de sensores e AUVs podem efetuar uma amostragem sinóptica, cooperativa e adaptativa do ambiente oceânico costeiro em 3D.
- **Monitorização do ambiente - as UW-ASN** podem efetuar a monitorização da poluição (biológica, química e nuclear), a monitorização das correntes oceânicas e das tempestades, como o rastreio de peixes ou microrganismos. Além disso, as UW-ASNs podem fazer previsões meteorológicas, detetar variações climáticas ou perceber e prever as consequências de eventos humanitários nos ecossistemas marinhos.
- **Exploração submarina** - As redes de sensores submarinos podem ajudar a detetar campos ou reservatórios de petróleo submarinos, determinar rotas para a instalação de cabos submarinos e ajudar na exploração de minerais valiosos.

- **Prevenção de catástrofes** - As redes de sensores que medem a atividade sísmica a partir de locais remotos podem fornecer avisos de *tsunamis* às zonas costeiras ou trabalhar em casa os efeitos especiais dos sismos submarinos (maremotos).
- **Monitorização** sísmica - A monitorização sísmica frequente é de extrema importância

3

na extração de lubrificantes de áreas subaquáticas para avaliar o desempenho do solo. As redes de sensores submarinos permitiriam tácticas de gestão de reservatórios.

- **Monitorização de equipamentos** - As redes de sensores permitiriam a regulação remota e a monitorização provisória de equipamentos dispendiosos, instantaneamente após a sua colocação à disposição, para avaliar falhas de implantação no funcionamento preliminar ou para detetar problemas.

- **Navegação assistida** - Os sensores podem ser utilizados para reconhecer perigos no fundo do mar, localizar atóis ou bancos de areia perigosos em águas marinhas pouco profundas, locais de amarração e destroços submersos e para efetuar perfis batimétricos.

- **Vigilância tática distribuída** - Os AUV e os sensores submarinos fixos podem monitorizar áreas de forma colaborativa para vigilância, reconhecimento, definição de objectivos e deteção de intrusões.

- **Reconhecimento de minas** - A operação simultânea de vários AUVs com sensores acústicos e ópticos pode ser utilizada para efetuar uma avaliação ambiental rápida e detetar objectos semelhantes a minas [3].

ARQUITECTURA DAS REDES DE SENSORES SUBAQUÁTICOS

A hierarquia das UWSN é normalmente constituída por múltiplos nós sensores omnipresentes, um satélite flutuante e o utilizador ou estação de base. Muitos nós sensores minúsculos, inteligentes e baratos estão espalhados no campo de sensores alvo para recolher dados e encaminhar as estatísticas valiosas para a estação de base ou o utilizador. Estes nós sensores cooperam entre si através de comunicações sem fios para criar uma rede e recolher, divulgar e analisar dados provenientes do ambiente.

Depois de terem detectado as estatísticas ou os dados, estes serão transmitidos através de qualquer topologia eficaz em termos energéticos, como a conetividade hop to hop ou o esquema baseado em clusters, para o sumidouro flutuante.

Assim, esse sumidouro flutuante é essencialmente um coordenador entre os sensores instalados e o utilizador e pode ser tratado como um nó de gateway. O nó de ligação está equipado com um processador melhor e com espaço de memória suficiente, porque o nó pode fornecer a necessidade de processamento de informação adicional antes de os dados serem transferidos para o destino final. A partir deste ponto de receção flutuante, os dados serão transferidos para o utilizador com a ajuda de um satélite.

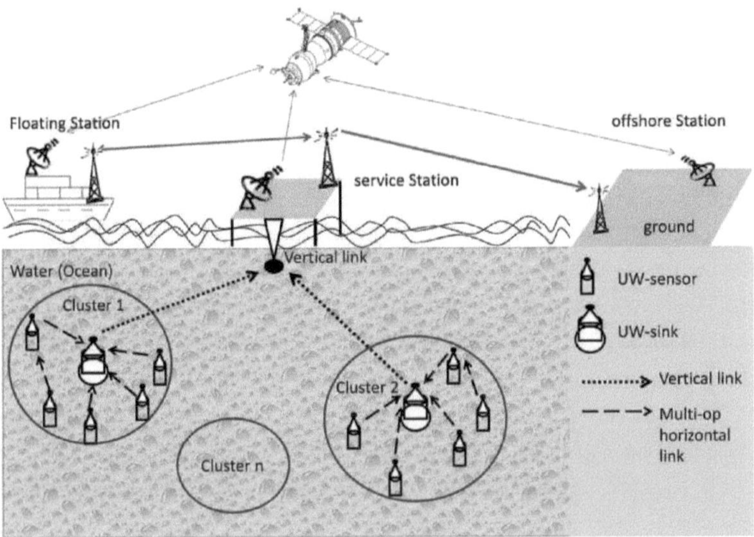

Figura 1.1 Arquitetura da rede de sensores

ARQUITECTURA DO NÓ SENSOR

UNIDADE DE SENSORIZAÇÃO: As unidades de sensorização são geralmente compostas por duas subunidades: sensores e conversores analógico-digitais (ADC). O sensor é um dispositivo utilizado para traduzir fenómenos físicos em sinais eléctricos. Os sensores podem ser classificados como dispositivos analógicos ou digitais.

Existe uma variedade de sensores que medem parâmetros ambientais como a temperatura, a intensidade da luz, o som, os campos magnéticos, etc. Os sinais analógicos produzidos pelos sensores com base no fenómeno observado são convertidos em sinais digitais pelo ADC e depois introduzidos na unidade de processamento.

UNIDADE DE PROCESSAMENTO: A unidade de processamento fornece principalmente inteligência ao nó sensor. A unidade de processamento é constituída pelo microprocessador, que é responsável pelo controlo do sensor, pela execução do protocolo de comunicação e pelos algoritmos de processamento do sinal nos dados recolhidos pelo sensor. Os microprocessadores habitualmente utilizados são o microprocessador ARM Strom da Intel, os microcontroladores AVR da Atmel e o microprocessador MP430 da Texas Instrument. Por exemplo, a unidade de processamento de um protótipo de mote de pó inteligente é um microcontrolador Atmel AVR8535 de 4 MHz com memórias flash de instruções de 8 Kb, 512 Bytes de RAM e 512 Byes de EEPROM. O sistema operativo Tiny OS é utilizado neste processador, que tem 3500 Bytes de espaço de código do SO e 4500 Bytes de espaço de código disponível. A unidade de processamento do protótipo do nó sensor sem fios µAMPS tem um microprocessador SA-1110 de 59-206 MHz. Em geral, podem identificar-se quatro estados principais do processador num microprocessador: desligado, em repouso, inativo e ativo. No modo sleep, a CPU e a maioria dos periféricos internos estão ligados, e só podem ser activados por um evento externo (Interrupção). No modo inativo, a CPU continua ativa, mas outros periféricos estão activos.

UNIDADE DE COMUNICAÇÃO: O rádio permite a comunicação sem fios com os nós vizinhos e o mundo exterior. Consiste num rádio de curto alcance que tem normalmente um canal de sinal com um débito de dados baixo e funciona em bandas não licenciadas de 868-870 MHz (Europa), 902-928 MHz (EUA) ou perto de 2,4 GHz (banda ISM global). Por exemplo, a família TR1000 da RF Monolithic funciona na gama de 800-900 MHz e pode alterar dinamicamente a sua potência de transmissão até 1,4 mW e transmitir até 115,2 Kbps. O CC2420 da chipcon está incluído no mote MICAZ que foi construído para cumprir a norma IEEE 802.15.4 [4] para redes pessoais sem fios de baixa velocidade de transmissão de dados e de baixo custo.

Existem vários factores que afectam as caraterísticas de consumo de energia de um rádio, que incluem o tipo de esquema de modulação utilizado, a taxa de dados, a potência de transmissão e o ciclo de funcionamento. A níveis de potência de transmissão de 10dBm e inferiores, a maior parte da potência do modo de transmissão é dissipada nos circuitos e não irradiada pelas antenas. No entanto, a níveis de transmissão elevados (0dBm), a corrente ativa do transmissor é elevada. Os níveis de potência de transmissão para aplicações em nós de sensores estão aproximadamente na faixa de -10 a +3 dBm [5]. Tal como os microcontroladores, os transceptores podem funcionar nos modos de transmissão, receção, inatividade e suspensão. Uma observação importante no caso da maioria dos rádios é que o funcionamento em modo inativo resulta num consumo de energia significativamente elevado, quase igual ao consumo de energia no modo de receção. Assim, é importante desligar completamente o rádio em vez de o colocar no modo inativo quando não está a transmitir ou a receber, devido ao elevado consumo de energia. Outro fator de influência é que, à medida que o modo de funcionamento do rádio muda, a atividade transitória na eletrónica do rádio provoca uma quantidade significativa de dissipação de energia. O modo de repouso é uma caraterística de poupança de energia muito importante nas UWSN.

BATERIA: A bateria fornece energia a todo o nó sensor. Desempenha um papel vital na determinação do tempo de vida do nó sensor. A quantidade de energia consumida por uma bateria deve ser cuidadosamente monitorizada. Os nós sensores são geralmente pequenos, leves e baratos, pelo que o tamanho de uma bateria é limitado. As pilhas AA armazenam normalmente 2,2 a 2,5Ah a 1,5 V. No entanto, estes números variam consoante a tecnologia utilizada. Por exemplo, as pilhas à base de zinco-ar têm maior capacidade em Joules/cm3 do que as pilhas de lítio. As pilhas alcalinas têm a capacidade mais pequena, normalmente cerca de 1200 J/cm3. Além disso, os sensores devem ter um tempo de vida de meses a anos, uma vez que a substituição da bateria não é uma opção para redes com milhares de nós fisicamente incorporados. Isto faz com que o consumo de energia seja o fator mais importante na determinação do tempo de vida dos nós sensores.

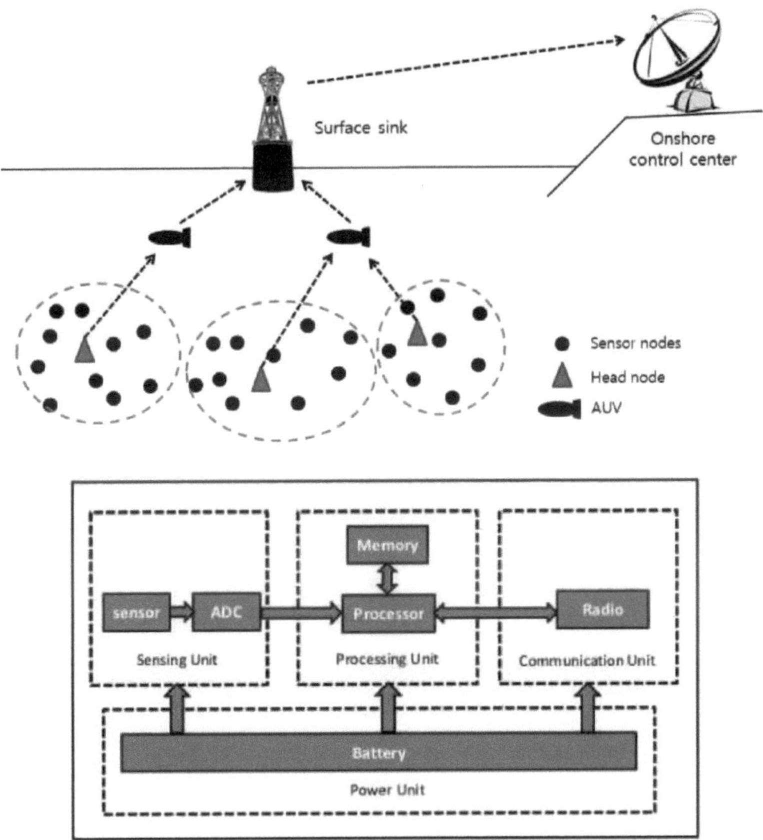

Figura 1.2 Arquitetura do nó sensor [6]

CONCEPÇÃO E DESAFIOS DA UWSN

Muitas aplicações das RSSF têm numerosas restrições, mas aqui centramo-nos nas restrições das redes de sensores sem fios subaquáticas, tais como recursos energéticos parciais, potência de computação incompleta e taxa de transmissão de dados lenta das ligações de comunicação sem fios relativas aos nós sensores. Vários dos problemas de conceção são resumidos a seguir:

- **Disposição dos nós:** A disposição dos nós nas UWSNs depende da aplicação e afecta o concerto do protocolo de encaminhamento. Além disso, a disposição pode ser determinística ou aleatória. Na disposição determinística, os nós sensores são posicionados fisicamente e as estatísticas são encaminhadas através de trajectos pré-determinados. No entanto, na disposição aleatória dos nós, os nós sensores são espalhados aleatoriamente, gerando um arranjo numa rotina ad hoc. A disposição aleatória dos nós é superior em aplicações volumosas. Os três concorrentes da disposição dos nós para uma rede de sensores: um aleatório uniforme, uma grelha quadrada e um Tri-Hexagon Tiling (THT).

- **Energia, capacidades computacionais e memória limitadas:** Os nós de sensores são manobras de pequena escala com volumes potenciais de um milímetro cúbico num futuro próximo. Estas manobras de menor volume são muito inadequadas no que respeita à quantidade de energia que os elementos de armazenamento, como as baterias, podem armazenar. Assim, as baterias, com um fornecimento de energia finito, devem ser utilizadas de forma optimizada para as tarefas de processamento e de comunicação. A tarefa de comunicação tende a dominar a tarefa de processamento em termos de consumo de energia. Assim, para otimizar a utilização da energia, a quantidade de tarefas de comunicação deve ser minimizada tanto quanto possível. Em aplicações práticas da vida real, os nós sensores sem fios estão normalmente posicionados em terrenos hostis ou inacessíveis, não podem ser facilmente recuperados para substituir ou recarregar as baterias, pelo que o tempo de vida da rede é normalmente limitado. Deve haver algum tipo de compromisso entre as tarefas de comunicação e de processamento, a fim de equilibrar a duração do tempo de vida da RSSF e a *densidade energética* do elemento de armazenamento. Em resumo, a limitação do tamanho do dispositivo e do fornecimento de energia implica normalmente uma quantidade limitada de recursos, ou seja, desempenho da CPU, memória, largura de banda de comunicação sem fios utilizada para o encaminhamento de dados e alcance permitido.

- **Dinâmica da rede:** A maioria das arquitecturas de rede assume que os nós sensores são estacionários. No entanto, a mobilidade de BS e de nós sensores é por vezes necessária em muitas aplicações. O encaminhamento de mensagens de ou para nós em movimento é mais difícil, uma vez que a estabilidade da rota se torna uma questão importante, para além da energia, da largura de banda, etc. Além disso, o fenómeno detectado pode ser dinâmico ou estático, dependendo da aplicação, por exemplo, é dinâmico numa aplicação de deteção/rastreio de alvos, enquanto é estático na monitorização de florestas para a prevenção precoce de incêndios. A monitorização de eventos estáticos permite que a rede funcione num modo reativo, gerando simplesmente tráfego quando é necessário comunicar. Os eventos dinâmicos, na maioria das aplicações, requerem relatórios periódicos e, consequentemente, geram um tráfego significativo a ser encaminhado para a BS.

- **Eficiência energética:** Quando a RSSF está a funcionar, torna-se difícil substituir ou recarregar a bateria dos nós sensores. Este facto coloca ainda mais o desafio de manter os sensores em ambientes hostis e adversos e de aumentar a escala da rede de sensores para centenas ou milhares de nós. Por conseguinte, é necessário um mecanismo de eficiência energética para poupar energia e prolongar o tempo de vida da rede.

- **Agregação de dados:** A agregação de dados é a combinação de dados de diferentes fontes de acordo com uma determinada função de agregação, por exemplo, supressão de duplicados, mínimos, máximos e média. Esta técnica é utilizada para obter eficiência energética e otimização da transferência de dados numa série de protocolos de encaminhamento. Os métodos de processamento de sinais também podem ser utilizados para a agregação de dados. A disseminação de dados é uma técnica para espalhar os dados pela rede. É utilizada para propagar a consulta, as informações de encaminhamento, a sincronização horária, etc. na rede.

- **Heterogeneidade dos nós/ligações:** Em muitos estudos, partiu-se do princípio de que todos os nós sensores eram homogéneos, ou seja, tinham a mesma capacidade em termos de computação, comunicação e potência. No entanto, dependendo da aplicação, um nó sensor pode ter uma função ou capacidade diferente. A existência de um conjunto heterogéneo de sensores levanta muitas questões técnicas relacionadas com o encaminhamento de dados. Estes sensores especiais podem ser posicionados de forma independente ou as diferentes funcionalidades podem ser incluídas nos mesmos nós sensores. Mesmo a leitura e a comunicação de dados podem ser geradas a partir destes sensores a ritmos diferentes, sujeitas a diversas restrições de qualidade de serviço, e podem seguir vários modelos de comunicação de dados. Por exemplo, os protocolos hierárquicos designam um nó chefe de agrupamento (CH) diferente dos sensores normais. Estes chefes de grupo podem ser escolhidos entre os sensores posicionados ou podem ser mais poderosos do que outros nós sensores em termos de energia, largura de banda e memória. Assim, o ónus da transmissão para a BS é assumido pelo conjunto de cluster-heads.

- **Tolerância a falhas e fiabilidade:** Para muitas aplicações de RSSF, os dados devem ser entregues de forma fiável através de um canal sem fios ruidoso, propenso a erros e variável no tempo. Nesses casos, a verificação e a correção dos dados em cada camada da rede são essenciais para obter resultados exactos. Além disso, espera-se que os nós sensores efectuem procedimentos de auto-teste, auto-calibração, auto-reparação e auto-recuperação durante o seu tempo de vida [7].

RESTRIÇÃO DE NÓ

- **Memória limitada:** A memória num nó sensor inclui normalmente memória flash e RAM. A memória flash é utilizada para armazenar o código de aplicação descarregado e a RAM é utilizada para armazenar programas de aplicação, dados de sensores e cálculos intermédios. Normalmente, não há espaço suficiente para executar algoritmos complicados depois de carregar o SO e o código da aplicação. No projeto Smart Dust, por exemplo, o TinyOS consome cerca de 3500 bytes de memória de instrução, deixando apenas 4500 bytes para segurança e aplicações [8]. Isto torna impraticável a utilização da maioria dos algoritmos de segurança actuais [4]. Com um Intel Mote, a situação melhora ligeiramente, mas ainda está longe de satisfazer os requisitos de muitos algoritmos.
- **Energia limitada:** O consumo de energia nos nós sensores pode ser categorizado em três partes: Energia para o transdutor do sensor, energia para a comunicação entre os nós sensores e energia para a computação do microprocessador. O estudo concluiu que cada bit transmitido nas RSSF consome tanta energia como a execução de 800-1000 instruções. Assim, a comunicação é mais dispendiosa do que a computação nas RSSF. Qualquer expansão de mensagens causada por mecanismos de segurança tem um custo significativo. Além disso, níveis de segurança mais elevados nas RSSF correspondem normalmente a um maior consumo de energia para as funções criptográficas. Assim, as RSSF podem ser divididas em diferentes níveis de segurança, consoante o custo energético [8] [9].
- **Computação:** Os processadores incorporados nos nós sensores não são geralmente tão potentes como os dos nós de uma rede com fios ou ad hoc. Assim, os algoritmos criptográficos complexos não podem ser utilizados nas RSSF.

RESTRIÇÃO DE REDE

As redes de sensores herdam todas as limitações das redes ad hoc móveis, como a falta de fiabilidade da comunicação em rede, os problemas relacionados com colisões e a ausência de infra-estruturas físicas.

- **Comunicação não fiável:** A comunicação sem fios é inerentemente pouco fiável e pode causar danos ou perda de pacotes. A falta de fiabilidade da comunicação representa uma ameaça adicional para os utilizadores, se os pacotes perdidos forem capturados por adversários.
- **Colisões e latência:** As redes de sensores utilizam um arranjo denso de nós,

potencialmente implantando centenas de milhares de nós numa aplicação sensível. Isto aumenta a probabilidade de colisão e latência nos pacotes. No entanto, ao contrário das redes tradicionais, as limitações de energia dos nós sensores tornam impraticável o reenvio de pacotes em caso de colisão.

LIMITAÇÕES FÍSICAS

As redes de sensores são frequentemente instaladas em ambientes públicos e potencialmente hostis, o que torna alguns dos seus componentes altamente vulneráveis à captura e ao vandalismo. Proteger fisicamente os nós de sensores com material inviolável aumenta o custo.

- **Sem vigilância após a implantação:** O facto de as redes de sensores serem colocadas em aplicações em que são deixadas sem vigilância permite aos adversários um maior acesso e liberdade para manipularem fisicamente os nós. As condições meteorológicas extremas e as catástrofes naturais, como tempestades, inundações, terramotos e incêndios florestais, também podem impedir o seu funcionamento.

- **Gestão à distância:** O facto de serem geridas remotamente dificulta bastante a deteção de adulterações físicas nas redes de sensores; outras questões, como a substituição das baterias e a redistribuição das chaves criptográficas, são também impraticáveis à distância.

COLHEITA DE ENERGIA

Uma rede de sensores é um conjunto de manobras incorporadas em colaboração (nós de sensores) com capacidades de deteção, computação e comunicação, com o objetivo de detetar e recolher estatísticas para uma aplicação específica de investigação. Uma das principais restrições dos nós sensores sem fios é a capacidade limitada da bateria - os nós conduzirão durante um intervalo finito, apenas enquanto a bateria durar. O tempo de vida finito dos nós implica um tempo de vida finito das aplicações ou custos e complexidade adicionais para mudar regularmente as baterias. Os nós poderiam provavelmente utilizar baterias de grandes dimensões para uma vida útil mais longa, mas terão de lidar com o aumento do tamanho, peso e custo. Os nós podem também decidir utilizar hardware de baixo consumo, como um processador e um rádio de baixo consumo, à custa de uma menor capacidade de computação e de menores alcances de transmissão [10].

Foram projectadas numerosas técnicas de resolução para esgotar as possibilidades do tempo de vida dos nós sensores alimentados por bateria. Algumas delas incluem protocolos MAC sensíveis à energia (SMAC [11] BMAC [12] XMAC [13] protocolos de armazenamento, encaminhamento e disseminação de dados sensíveis à energia [14] [15] [16] estratégias de ciclo de trabalho [17] [18] taxa de deteção adaptativa [19] arquitecturas de sistemas em camadas [20] [21] [22] e colocação redundante de nós [23] [24]. Embora todos os procedimentos acima optimizem e adaptem as utilizações de energia para tirar o melhor partido do tempo de vida de um nó sensor, o tempo de vida continua a ser limitado e finito. Os métodos acima referidos ajudam a prolongar o tempo de vida da aplicação e/ou o intervalo de tempo entre as substituições da bateria, mas não excluem as inibições relacionadas com a energia. Com um berço de energia finito, raramente todos os parâmetros de desempenho podem ser optimizados em simultâneo, por exemplo, uma maior capacidade da bateria implica um aumento do custo e um ciclo de trabalho baixo implica uma diminuição da fiabilidade da deteção, um maior alcance de transmissão implica uma maior necessidade de energia e um menor alcance de transmissão implica caminhos de transmissão com um maior número de esperanças, o que resulta no consumo de energia num maior número de nós.

Um procedimento alternativo que tem sido pragmático para resolver o problema do tempo de vida finito dos nós é a utilização da *recolha de energia.* A recolha de energia consiste em aproveitar o vigor da atmosfera ou de antigos berços de energia (calor do corpo, batida dos pés, movimentos dos dedos) e transformá-lo em energia eléctrica. O vigor elétrico aproveitado alimenta os botões dos sensores. Se a fonte de vigor recolhida for enorme e puder ser obtida periodicamente / infinitamente, um botão sensor pode ser motorizado perpetuamente. Além disso, com base na periodicidade e na magnitude da vitalidade recolhida, os parâmetros da estrutura de um nó podem ser ajustados para aumentar o considerando do nó e da rede. Uma vez que um nó tem energia limitada apenas até à próxima oportunidade de recolha (ciclo de recarga), pode otimizar a sua utilização de energia para maximizar o desempenho durante esse intervalo. Por exemplo, um nó pode aumentar a sua frequência de amostragem ou o seu ciclo de trabalho para aumentar a fiabilidade da deteção, ou aumentar a potência de transmissão para diminuir o comprimento do percurso de encaminhamento.

Consequentemente, as técnicas de recolha de energia têm potencial para resolver o problema do compromisso entre os parâmetros de desempenho e o tempo de vida dos nós sensores. O desafio reside em estimar a periodicidade e a magnitude da fonte de energia e decidir quais os parâmetros a afinar e, simultaneamente, evitar o esgotamento prematuro da energia antes do próximo ciclo de recarga.

NÓS SENSORES DE CAPTAÇÃO DE ENERGIA

A recolha de energia refere-se à recolha de energia ou à conversão de energia de uma forma para outra. Aplicada aos nós sensores, a energia de fontes externas pode ser recolhida para alimentar os nós e, por sua vez, aumentar o seu tempo de vida e capacidade. Dado o perfil de utilização de energia de um nó, as técnicas de recolha de energia podem satisfazer parcial ou totalmente as suas necessidades energéticas. Uma técnica de captação de energia muito difundida e popular é a conversão da energia solar em energia eléctrica. A energia solar é incontrolável - a intensidade da luz solar direta não pode ser controlada - mas é uma fonte de energia previsível com padrões diários e sazonais. Outras técnicas de captação de energia convertem a tensão mecânica aplicada a materiais piezoeléctricos, ou a um braço rotativo ligado a um gerador, pode produzir energia eléctrica. Uma vez que a quantidade de energia utilizada para a conversão pode ser variada, estas técnicas podem ser vistas como fontes de energia controláveis.

Um sistema de captação de energia típico tem três componentes: a fonte de energia, a arquitetura de captação e a carga. *A fonte de energia* refere-se à fonte de energia ambiente a ser colhida. *A arquitetura de* captação consiste em mecanismos para aproveitar e converter a energia ambiente de entrada em energia eléctrica. A carga refere-se à atividade que consome energia e actua como sumidouro da energia recolhida.

ARQUITECTURA DE CAPTAÇÃO DE ENERGIA

De um modo geral, a recolha de energia pode ser dividida em duas arquitecturas: **(i)** Recolha-Utilização; a energia é recolhida no momento certo para utilização e **(ii)** Recolha-Armazenamento-Utilização. A energia é recolhida sempre que possível e armazenada para utilização futura. Uma categorização semelhante é apresentada em [25].

Arquitetura Harvest-Use: Neste caso, o sistema de recolha alimenta diretamente o nó sensor e, consequentemente, para que o nó esteja operacional, a saída de energia do sistema de recolha tem de estar continuamente acima do ponto de funcionamento mínimo. Se não houver energia suficiente disponível, o nó será desativado. Variações bruscas na capacidade de recolha de energia perto do ponto de potência mínima farão com que o nó sensor oscile entre os estados ON e OFF.

O sistema *Harvest-Use* pode ser construído para utilizar fontes de energia mecânica, como carregar em teclas/botões, andar, pedalar, etc. Por exemplo, o premir de uma tecla/botão pode ser utilizado para deformar um material piezoelétrico, gerando assim energia eléctrica para enviar uma mensagem curta sem fios [26]. Do mesmo modo, os materiais piezoeléctricos estrategicamente colocados num sapato podem deformar-se em diferentes graus ao caminhar e correr. A energia recolhida pode ser utilizada para transmitir sinais RFID, utilizados para localizar o utilizador do sapato [27] [28] [29].

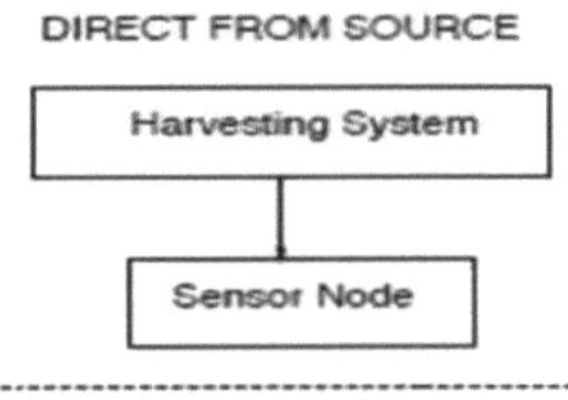

Figura 1.3 Arquitetura da utilização da colheita

Arquitetura Harvest-Store-Use: A arquitetura consiste num componente de armazenamento que armazena a energia recolhida e também alimenta o nó sensor. O armazenamento de energia é útil quando a energia recolhida disponível é superior à sua utilização atual. Em alternativa, a energia também pode ser acumulada na unidade de armazenamento quando já tiver sido recolhida o suficiente para o funcionamento do sistema. A energia é armazenada para ser utilizada mais tarde, quando não houver oportunidade de recolha ou quando a utilização de energia do nó sensor tiver de ser aumentada para melhorar os parâmetros de capacidade e desempenho. O componente de armazenamento propriamente dito pode ser de fase única ou de fase dupla. *O armazenamento secundário* é um armazenamento de reserva para situações em que o *armazenamento primário* está esgotado [30]. Por exemplo, *um sistema Harvest-Store-*

O sistema de *utilização* pode utilizar fontes de energia não controladas mas previsíveis, como a energia solar [30] [31] [32] [33]. Durante o dia, a energia é utilizada para o trabalho e também armazenada para utilização posterior. Durante a noite, a energia armazenada é utilizada de forma conservadora para alimentar o nó sensor.

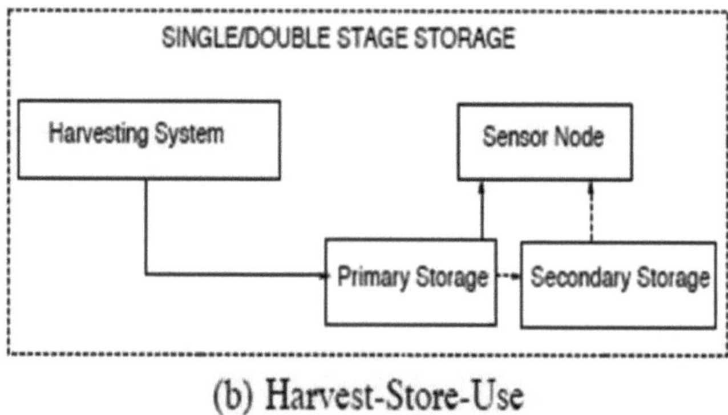

Figura1.   4Arquitectura de armazenamento-utilização

FONTES DE ENERGIA SUSCEPTÍVEIS DE SEREM EXPLORADAS

Um componente vital de qualquer arquitetura de captação de energia é a fonte de energia - é ela que determina a quantidade e a taxa de energia disponível para utilização. As fontes de energia têm caraterísticas diferentes ao longo dos eixos da controlabilidade, previsibilidade e magnitude [25]. Uma fonte de *energia controlável* pode fornecer energia para ser recolhida sempre que necessário; a disponibilidade de energia não precisa de ser prevista antes da recolha. Neste caso, se a fonte de energia for previsível, pode ser utilizado um modelo de previsão que preveja a sua disponibilidade para indicar o momento do próximo ciclo de recarga. Além disso, as fontes de energia podem ser classificadas nas duas categorias seguintes: (i) *Fonte de energia ambiente:* Fonte de energia proveniente do ambiente circundante, por exemplo, energia solar, energia eólica e energia RF, e (ii) *Energia Humana:* Energia colhida a partir dos movimentos corporais dos seres humanos [26] [27] [28] [29]. As fontes de energia humanas passivas são aquelas que não são controláveis pelo utilizador. Alguns exemplos são a tensão arterial, o calor do corpo e a respiração [29]. As fontes activas de energia humana são as que estão sob o controlo do utilizador, que exerce uma força específica para gerar a energia a recolher, por exemplo, o movimento dos dedos, o remo e a marcha [29].

MECANISMO DE CONVERSÃO DE ENERGIA

Trata-se de mecanismos de aproveitamento da energia eléctrica de uma determinada fonte de energia. A escolha do mecanismo de conversão de energia está intimamente ligada à escolha da fonte de energia. No caso da energia solar, o mecanismo de conversão é a utilização de painéis solares. Um painel solar funciona como uma fonte de corrente e a quantidade de corrente gerada é diretamente proporcional ao seu tamanho/área e à intensidade da luz incidente. Assim, consoante as necessidades, são utilizados painéis maiores com uma área maior ou um maior número de painéis solares. No caso das fontes mecânicas de energia, como andar, remar, carregar em botões/chaves, a conversão em energia eléctrica é feita utilizando elementos piezoeléctricos [26] [27] [28] [29]. Quanto maior for o tamanho da película, maior será a quantidade de energia recolhida. A energia eólica é recolhida utilizando rotores e turbinas que convertem o movimento circular em energia eléctrica através do princípio da indução electromagnética [33] [35].

BENEFÍCIOS DA CAPTAÇÃO DE ENERGIA

A recolha de energia proporciona numerosas vantagens ao utilizador final e algumas das principais vantagens da EH adequada para as RSSF são indicadas e desenvolvidas na lista seguinte. As soluções de captação de energia podem:

- **Reduzir a dependência da energia da bateria:** Com o avanço da tecnologia microeletrónica, o consumo de energia dos nós sensores é cada vez menor, pelo que a energia ambiente recolhida pode ser suficiente para eliminar completamente a bateria.

- **Reduzir os custos de instalação:** Os nós de sensores sem fios auto-alimentados não requerem cabos de alimentação, cablagem e condutas, pelo que são muito fáceis de instalar e reduzem também os elevados custos de instalação.

- **Reduzir os custos de manutenção:** A recolha de energia permite que os nós sensores funcionem sem vigilância uma vez posicionados e elimina as visitas de serviço para substituir as baterias.

- **Fornecer soluções a longo prazo:** Um nó de sensor fiável e auto-alimentado permanecerá funcional virtualmente enquanto a energia ambiente estiver disponível, os nós de sensor auto-alimentados são perfeitamente adequados para aplicações de longo prazo que visam décadas de monitorização.

VÁRIAS TÉCNICAS DE CAPTAÇÃO DE ENERGIA

Tanto em trabalhos de investigação académica como em aplicações industriais, há muitos trabalhos de investigação e desenvolvimento em curso sobre o aproveitamento de energia em grande escala a partir de várias fontes de energia renováveis, tais como a solar, a eólica e a hídrica - NREL (2010). No passado, foi dada pouca atenção aos métodos e dispositivos de captação de energia em pequena escala, uma vez que quase não há necessidade. Dito isto, não significa que não haja atividade de investigação sobre a captação de energia em pequena escala. De facto, há uma quantidade significativa de trabalhos de investigação registados na literatura que abordam a recolha de energia ambiental em pequena escala para dispositivos electrónicos móveis de baixa potência, especialmente nós sensores sem fios. **A figura 1.5** mostra vários tipos de formas de energia ambiente adequadas para a extração de energia, juntamente com exemplos de fontes de energia. Os tipos de energia são a energia térmica, a energia radiante e a energia mecânica.

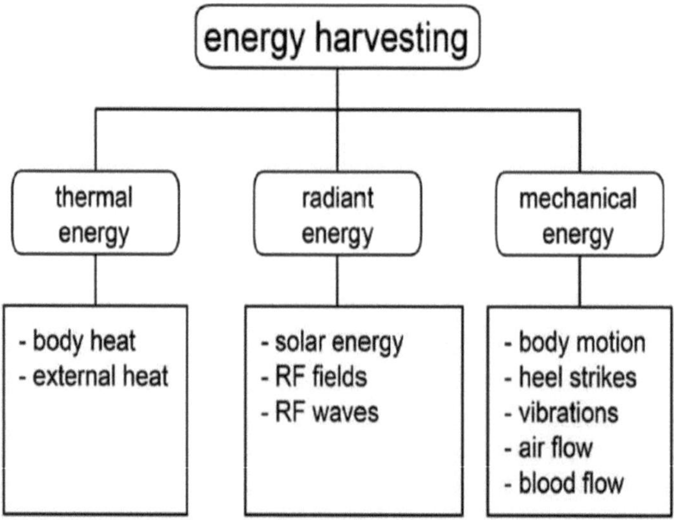

Figura 1.5 Técnicas de captação de energia

Foram discutidos alguns protótipos de investigação sobre a extração de energia para várias fontes de energia. Uma parte substancial do trabalho de investigação realizado por Roundy et al, em Roundy et al, (2004) descreve a extração de energia do movimento cinético. Roundy fez uma análise exaustiva da extração de energia de vibrações para redes de sensores sem fios. Há outros trabalhos de investigação sobre a extração de energia com base em vibrações, nomeadamente

16

geradores piezoeléctricos em sapatos Schenck et al, (2001), têxteis electrónicos vestíveis Emdison et al, (2002) e dispositivos microgeradores baseados em vibrações electromagnéticas para sistemas de sensores inteligentes Glynneet al, (2004). Na área de investigação da captação de energia térmica, Stevens Stevens (1999) e Lawrence et al. Lawrence et al. (2002) consideram os aspectos de conceção do sistema para a captação de energia térmica através da conversão termoeléctrica que explora a diferença natural de temperatura entre o solo e o ar. Do mesmo modo, Leonov et al. Leonov et al. (2007) consideraram a recolha de energia térmica através da geração de energia termoeléctrica a partir do calor do corpo para alimentar nós sensores sem fios. A investigação sobre a captação de energia eólica em pequena escala foi também efectuada por vários grupos de investigadores, como Weimer et al. Weimer et al. (2006), Myers et al. Myers et al. (2007) e o próprio autor Tan et al. (2007) e Ang et al. (2007). O Heliometer é um protótipo de nó sensor desenvolvido por AmanKansal et al. Raghunathan et al. (2005) que utiliza a recolha de energia solar para complementar as baterias e alimentar os sistemas integrados sem fios.

COMPARAÇÃO DOS RECURSOS DE CAPTAÇÃO DE ENERGIA

Para tornar o nó sensor verdadeiramente autónomo e autossustentável na RSSF, o consumo de energia do nó sensor tem de ser inteiramente recolhido do ambiente. A escolha da técnica de recolha de energia é crucial. Foram realizados numerosos estudos e experiências para investigar os níveis de energia que podem ser aproveitados do ambiente. A densidade de potência da radiação solar na superfície terrestre indica que, num pequeno volume de 1cm^3 , podem ser colhidos 100 mW de energia do sol através da utilização do painel solar. Para atingir esta elevada densidade de potência, o painel solar tem de ser exposto em condições exteriores com luz solar direta e brilhante. Quando o painel solar é colocado em condições de interior, como um escritório iluminado, a intensidade da luz é tremendamente reduzida e a densidade de potência da fonte de energia solar desce para quase 100 μ W/cm^3 . Isto mostra que a energia solar disponível em interiores é drasticamente inferior à disponível em exteriores. Para a conceção de nós sensores sem fios incorporados a posicionar no interior ou em áreas nubladas, como edifícios e instalações, e em terrenos florestais, onde o acesso à luz solar direta não está frequentemente disponível, a fonte de energia solar pode não ser uma escolha adequada. Por conseguinte, é necessário procurar fontes de energia alternativas, quer para substituir as fontes de energia solar no seu conjunto, quer para as complementar quando a intensidade da luz é baixa. A energia térmica é um exemplo das fontes de energia alternativas. Para captar a energia térmica, foi desenvolvido *o gerador termoelétrico (TEG)*, que capta a energia térmica com base no efeito See beck. Um exemplo de aplicação comercial do TEG é ilustrado pelo relógio de pulso Seiko Thermic.

O módulo termoelétrico do relógio de pulso produziu 60μ W/cm^2 a um gradiente de temperatura de 5° C com 10 geradores termoeléctricos acoplados Kanesaka (1999). No entanto, a eficiência típica dos geradores termoeléctricos é inferior a 1% para um gradiente de temperatura inferior a

40° C e é difícil encontrar esse gradiente de temperatura no ambiente normal. Por conseguinte, a captação de energia térmica é mais adequada para aplicações de baixa potência

que consomem menos de alguns m Wou centenas de µW.

Energy Source	Performance (Power Density)	Notes
Solar (direct sunlight)	100 mW/cm³	Common polycrystalline solar cells are 16 %-17 % efficient, while standard mono-crystalline cells approach 20 %
Solar (illuminated office)	100 µW/cm³	
Thermoelectric	[a]60µW/cm² at 5°C gradient [b]135 µW/cm² at 10°C gradient	Typical efficiency of thermoelectric generators are $\leq$ 1% for $\Delta T < 40^\circ C$ [a]Seiko Thermic wristwatch at 5°C body heat, [b]Quoted for a Thermo Life generator at $\Delta T = 10\ ^\circ C$
Blood Pressure	0.93W at 100mmHg	When coupled with piezoelectric generators, the power that can be generated is order of µW when loaded continuously and mW when loaded intermittently
Proposed Ambient airflow Harvester	177 µW/cm³	Typical average wind speed of 3 m/s in the ambient.
Vibrational Micro-Generators	4 µW/cm³ (human motion-Hz) 800µW/cm³ (machines-kHz)	Predictions for 1 cm³ generators. Highly dependent on excitation (power tends to be proportional to ω, the driving frequency and y_o, the input displacement
Piezoelectric Push Buttons	50 µJ/N	Quoted at 3 V DC for the MIT Media Lab Device

Figura 1.6 Vários recursos de captação de energia

Para além das fontes de energia solar e térmica, existe outro tipo de fonte de energia que está disponível na pressão sanguínea humana. Assumindo uma pressão sanguínea média de 100 mmHg (a pressão sanguínea normal desejada é de 120/80 acima da pressão atmosférica), uma frequência cardíaca em repouso de 60 batimentos por minuto e um volume cardíaco de 70 mililitros (ml) a passar pela aorta por batimento Braunwald (1980), então a energia gerada é de cerca de 0.93 W. Ramsay e Clark Ramsay et al. (2001) descobriram que, quando a pressão sanguínea é exposta a um gerador piezoelétrico, o gerador pode gerar potência da ordem de µW quando a carga aplicada varia continuamente e *mW* quando a carga aplicada varia intermitentemente. No entanto, o aproveitamento da energia da pressão sanguínea apenas limitaria os domínios de aplicação a micro-sensores portáteis. Numa reviravolta interessante, Shenck e ParadisoSchenck et al. (2001) construíram palmilhas para sapatos capazes de gerar 8,4 m W de potência em condições normais de marcha. Este facto mostra que a vibração mecânica é outra fonte de energia promissora que vale a pena investigar. Chandrakasan e AmirtharajahMeninger et al. (2001) demonstraram um conversor eletromagnético de vibração para eletricidade que produz 2,5 µW/cm³ . Da mesma forma, outro trabalho de pesquisa discutido por Mitchesonet. Al em Mitcheson et al. (2004) fez uma análise que indicou que até 4 µW/cm³ podem ser alcançados a partir de microgeradores vibracionais (da ordem de 1 cm³ em volume) que o movimento humano típico (movimento de 5 mm a 1 Hz) estimula e até 800 µW/cm3 a partir de estímulos induzidos por máquinas (movimento de 2 nm a 2,5 kHz). Adicionalmente, Joe

Paradiso e Mark Feldmeir em Paradiso et al. (2002) demonstraram com sucesso um elemento piezoelétrico com um transformador de ressonância e eletrónica de condicionamento que, quando tocado por um botão, gera 1 mJ a 3V por cada 15M de impulso, energia suficiente para fazer funcionar um codificador digital e um rádio que pode transmitir mais de 50 pés. A recolha de energia de vibração mecânica está limitada a aplicações específicas em que existe uma fonte de energia de vibração disponível. Em resumo, a tabela de comparação mostrou o desempenho de cada fonte de captação de energia em termos do fator de densidade de potência. Embora a tabela mostre que a fonte de energia solar produz a maior densidade de potência, isso pode não ser sempre o caso. Em condições de iluminação interior, a energia solar recolhida pelo painel solar diminui tremendamente, pelo que as outras fontes de captação de energia forneceriam uma maior densidade de potência. Dependendo das fontes de energia renováveis disponíveis nas áreas de aplicação específicas, como um dia de sol brilhante ao ar livre com uma grande quantidade de energia solar, ao longo da zona costeira com muita energia eólica, uma estrutura de ponte com veículos em movimento com fortes vibrações, etc., deve ser selecionada uma fonte de captação de energia adequada para alimentar a carga para a aplicação específica. Além disso, existe também a possibilidade de duas ou mais fontes de energia estarem disponíveis para a recolha, pelo que a recolha de energia híbrida pode também ser uma opção interessante para cargas com carência de energia [36].

METODOLOGIA

- É efectuado um levantamento exaustivo da literatura nas áreas específicas do trabalho proposto, de modo a que possa ser desenvolvida uma metodologia melhor do que a anterior.

- O cenário de execução de vários protocolos é implementado no NS2 sobre a configuração recente do hardware do computador.

- Os modelos matemáticos são a principal força motriz para determinar o comportamento do sistema.

- A simulação dos protocolos é efectuada de modo a apoiar os resultados esperados da proposta.

MOTIVAÇÃO

- A elevada taxa de transmissão de dados, a eficiência energética e a fiabilidade são caraterísticas importantes para a manutenção e o funcionamento das UWSN.
- Devido ao potencial de várias aplicações das UWSNs nos domínios da emergência e da monitorização da segurança, a aplicação militar tornou-se uma das principais preocupações fundamentais na conceção de redes.

- O prolongamento do tempo de vida da rede depende da gestão eficiente dos recursos energéticos dos nós sensores. O consumo de energia é, por conseguinte, uma das questões de conceção mais importantes nas UWSN.

OBJECTIVO DO TRABALHO DE INVESTIGAÇÃO PROPOSTO

Esta investigação centra-se principalmente nas várias técnicas de recolha de energia para a disseminação escalável e fiável de dados UWSN. Considerámos alguns dos desafios acima referidos no trabalho de investigação. Segue-se um breve resumo do objetivo:

- Implantação de sensores em três níveis no oceano: no nível inferior, que é imóvel; no nível médio, que também é móvel; e no nível superior, que é estático.
- Fornecer o mecanismo para recarregar as baterias dos sensores a partir de fontes naturais de recolha de energia.
- A rede posicionada deve ser eficiente do ponto de vista energético.
- A taxa de transmissão de dados é rápida e elevada.

CAPÍTULO 2

PESQUISA BIBLIOGRÁFICA

Para propor e assegurar o trabalho de exame, são analisados diferentes documentos de investigação. Seguem-se os concentrados dos diferentes trabalhos de investigação realizados por vários académicos e peritos.

Chris Karlof (2003) - Este trabalho considera e trata da coordenação da segurança em estruturas de sensores sem fios. Foram propostas várias tradições de direção de estruturas de sensores, mas nenhuma delas foi delineada tendo a segurança como objetivo. Este trabalho propõe objectivos de segurança para o controlo em estruturas de sensores, mostra como as emboscadas contra estruturas de improviso e transmitidas podem ser equilibradas em ataques sérios contra estruturas de sensores, apresenta duas classes de novos ataques contra redes de sensores - buracos e picos de HELLO, e separa a segurança de todas as tradições críticas de coordenação de estruturas de sensores. Este documento delineia ataques incapacitantes contra cada um deles e sugere contramedidas e pensamentos de design. Este é o exame vital de uma direção segura em estruturas de sensores.

David Wagner (2004) - Este artigo apresenta o TinySec, o mais completo projeto de segurança de camada conjunta para estruturas de sensores sem fios. No nosso projeto, aplicamos lições tardias retiradas de vulnerabilidades de diagramas em tradições de segurança para várias estruturas sem fios, por exemplo, 802.11b e GSM. As tradições de segurança comuns tendem a ser tradicionalistas nas suas garantias de segurança, incluindo habitualmente 16 a 32 bytes de sobrecarga. Com poucas memórias, processadores fracos, imperatividade obrigatória e pacotes de 30 bytes, as estruturas de sensores não conseguem gerir as despesas deste luxo. O TinySec aborda estes objectivos convincentes em termos de recursos com uma disposição atenta; examinamos os compromissos entre diferentes primitivas criptográficas e utilizamos os obstáculos intrínsecos da estrutura de sensores, apoiando ainda mais a nossa sorte favorável enquanto escolhemos parâmetros para encontrar um ponto ideal para a segurança, a atribuição e os recursos essenciais. O TinySec é flexível para uma coleção de equipamentos e fases de rádio. Os resultados exploratórios em uma aplicação de estrutura de sensor apropriada de 36 pontos centrais mostram evidentemente que as tradições de camada de associação baseadas em itens são concebíveis e atraentes, incluindo menos de 10% de imperatividade, latência e sobrecarga de limite de troca de informações.

21

Wenliang Du (2004) - Para garantir a segurança em estruturas de sensores sem fios, é imperativo ter a capacidade de codificar as mensagens enviadas entre os pontos centrais dos sensores. As chaves para fins de encriptação devem ser estabelecidas pelos pontos centrais de conferência. Tendo em conta os limites das vantagens, não é trivial cumprir essa tarefa de atribuição de chaves em estruturas de sensores sem fios. Vários mecanismos de compreensão de chaves utilizados como parte de estruturas gerais, por exemplo, Diffie-Hellman e mecanismos baseados em chaves abertas, não são adequados para estruturas de sensores sem fios. A pré-disseminação de chaves secretas para todos os arranjos de centros não é funcional, tendo em conta a inconcebível medida de memória utilizada quando a dimensão da estrutura é muito abrangente. A partir dos últimos tempos, foi proposta uma disposição discricionária de pré-espalhamento de chaves e as suas progressões. Uma suposição corrente feita por estas disposições de pré-transporte de chaves imprevisíveis é que não existem dados de associação disponíveis. Como em várias circunstâncias práticas, certos envios podem ser abertos a partir do anterior, propomos um novo esquema discricionário de pré-espalhamento de chaves que utiliza dados de associação e evita atribuições de chaves inúteis. Este trabalho mostra que a execução (verificando a acessibilidade, o uso de memória e a adaptabilidade da estrutura contra a captura do centro) das estruturas de sensores teria a capacidade de ser liberalmente atualizada com o uso de nosso arranjo proposto. O arranjo e sua avaliação de execução rápida e suja são mostrados neste artigo.

Wenliang Du (2005) - Para acabar com os obstáculos nas estruturas de sensores sem fios, é fundamental estar atento à codificação e verificação das mensagens enviadas entre os centros de sensores. Antes de fazer todas as coisas consideradas, as chaves para realizar a criptografia e a aprovação devem ser resolvidas pelos encontros de passagem. No entanto, devido aos pré-requisitos em termos de benefícios, o cumprimento da garantia de chaves em estruturas de sensores sem fios não é trivial. Vários mecanismos de controlo de chaves utilizados como parte de estruturas gerais, por exemplo, Diffie-Hellman e outros mecanismos baseados em chaves abertas, não são adequados para estruturas de sensores sem fios devido aos limites computacionais limitados dos centros de sensores. A pré-distribuição de chaves secretas para todos os arranjos de centros não é viável devido à grande quantidade de memória necessária quando o tamanho da estrutura é imenso. Neste documento, os criadores apresentam uma estrutura para examinar a segurança dos arranjos de pré-distribuição de chaves, propõem outro arranjo de pré-distribuição de chaves que melhora de forma impressionante a adaptabilidade da estrutura, destacando-se dos arranjos anteriores, e apresentam um exame completo do nosso arranjo até à adaptabilidade da estrutura e despesas gerais relacionadas. O arranjo proposto demonstra uma propriedade respeitável de borda: quando a quantidade de centros pechinchados não é precisamente a borda, a probabilidade de que as correspondências entre quaisquer pontos centrais adicionais sejam trocadas é próxima de zero. Esta propriedade apelativa reduz o efeito inicial de quebras de estrutura de menor escala para um adversário, e torna imperativo que o inimigo ataque uma divisão de longo alcance da estrutura antes de poder terminar qualquer incremento significativo.

Roberto Di Pietro (2003) - Uma rede de sensores sem fios (RSSF) dispersa é uma rede social de n sensores com recursos de hardware limitados. Os sensores podem trocar mensagens pelo método de radiofrequência (RF), cujo alcance normalmente cobre apenas um número predeterminado de vários sensores. Uma questão cativante é a melhor abordagem para realizar trocas seguras de pares entre qualquer par de sensores numa RSSF. Uma RSSF requer planos de jogo completamente apropriados que são particularmente difíceis devido aos recursos limitados e à dimensão da estrutura. Além disso, as RSSF podem estar expostas a alguns perigos de segurança, incluindo a troca física de um sensor. Desta forma, qualquer resposta para trocas seguras entre pares deve perseverar através do esquema de um curso de ação de sensores degradados. Este artigo apresenta um modelo probabilístico e duas tradições para desenvolver um canal de correspondência seguro entre qualquer par de sensores na RSSF, através da consignação de um pequeno plano de jogo de chaves auto-afirmativas a cada sensor. Nós reunimos, considerando o Protocolo Direto essencial, um segundo Protocolo de Cooperadores. O Protocolo de Co-especialistas é flexível: as suas propriedades de segurança podem ser efetivamente alteradas durante o tempo de vida da RSSF. Além disso, ambas as tradições garantem uma verificação regular evidente e probabilística sem sobrecarga adicional e sem a região de uma estação de base. A execução do Protocolo Direto é descrita de forma sintomática, enquanto que, para o Protocolo de Co-especialistas, apresentamos tanto avaliações exploratórias como divertimentos expansivos. Por exemplo, os resultados demonstram que, na expetativa de que cada sensor armazene 120 chaves, numa RSSF composta por 1024 sensores com 32 sensores destruídos, a probabilidade de uma corrupção de redireccionamento é insignificante em virtude do Protocolo de Cooperação.

Sankarasubramaniam (2003) - Este artigo aborda o tema do tamanho do grupo sem falhas para a correspondência de informações em sistemas de sensores sem fios obrigados a vitalidade. Não sob qualquer condição como a mudança de comprimento do pacote de desgaste passado noutras estruturas com e sem fios, a razoabilidade da vitalidade é escolhida como a métrica de racionalização.

Sankarasubramaniam (2003) - Este artigo aborda o tema do tamanho imaculado do pacote para correspondência de dados em estruturas de sensores sem fios obrigados a centralidade. O trabalho aborda o tema do tamanho imaculado do pacote para a correspondência de dados em estruturas de sensores com centralidade obrigatória. Não no menor grau, por exemplo, o desgaste passado da atualização do comprimento do evento social em outras estruturas com e sem fio, a abundância de monstruosidade é escolhida como a métrica de racionalização.

Ammer (2006) - Para se tornarem verdadeiramente omnipresentes, os centros de estrutura de sensores têm de ter uma utilização ultra baixa de energia. Este artigo propõe a métrica da imperatividade de cada peça básica (EPUB) para investigar e isolar camadas físicas de estruturas de sensores. A EPUB junta o uso de centralidade do transmissor e do recetor, e amortiza o uso de vitalidade no meio do prelúdio de sincronização sobre a medida de bits de dados na reunião. Usando o EPUB, isolamos seis PHYs de estruturas de sensores actuais. Em seguida, redesenhamos o PHY como aparece no EPUB. Reconhecemos que o EPUB dos PHYs da estrutura do sensor pode ser diminuído criando a taxa de dados, cortando a reiteração do transportador e usando os principais arranjos de comparabilidade, por exemplo, OOK para diminuir a sobrecarga de sincronização

Dondi (2008) - Neste artigo, os criadores propõem um procedimento para atualizar um coletor de energia solar com o ponto de energia mais importante para focos de estrutura de sensores sem fios auto-controlados (WSN). Este trabalho concentra-se no reforço da amplitude da energia na troca de vitalidade da placa baseada no sol para a engenhoca de segurança essencial. É obtido um modelo consciente da placa fotovoltaica, considerando uma técnica simplificada de extração de parâmetros. Este modelo prevê a força breve recolhida pela placa, ajudando o esboço do coletor e a estratégia de progresso. Além disso, propõe-se uma visualização ponto a ponto do coletor para controlar as coordenadas críticas do coletor e melhorar o circuito. Os resultados dos testes, tendo em conta as regras gráficas demonstradas, mostram a abundância do sistema obtido. Este sistema de diagrama ajuda a aumentar a produtividade, permitindo realizar uma praticidade extraordinária de 85% com partes discretas. O campo de aplicação deste circuito não se limita a focos WSN auto-invigorados; pode, de facto, ser estendido em aplicações negligenciáveis conhecidas com aumento da vida útil da bateria.

YuebinBai (2008) - Este artigo sublinha que foram propostas algumas abordagens entre camadas para as RSSF em fase de criação. Estas abordagens podem ser classificadas em três estratégias, no que diz respeito à afiliação ou separação entre as camadas física (PHY), de controlo do acesso ao meio (MAC), de planeamento e de transporte. MAC+PHY: A utilização significativa da camada física e MAC é dissecada em , a conclusão é que a correspondência de salto solitário pode ser mais produtiva se for utilizado um modelo de rádio genuíno. Por outro lado, o exame está a considerar um sistema simples, a conclusão pode não ser prática em circunstâncias sensatas. Em , é proposto um plano de jogo transversal entre a camada MAC, a sensação física e a camada de aplicação para as RSSF. A relação espacial na ocorrência física sobrenatural visualizada é maltratada para o controlo de acesso ao meio. À luz de uma estrutura teórica, é proposta uma convenção de controlo de acesso aos meios de recolha de informação (CC-MAC) dispersa e baseada em relações espaciais. MAC+Roteamento: Em trabalhos diferentes, o controlo baseado no destinatário é gerido para o MAC e o planeamento da qualidade medida entre camadas. Nesta abordagem, o controlo é escolhido como um resultado adiado da disputa na região.

Em e, os criadores decompõem a eficiência energética, a ausência de desenvolvimento e a execução de múltiplos saltos da contagem. Em , o trabalho em e é realizado para um ponto de foco de rádio solitário. O planeamento baseado no destinatário é também examinado no contexto de um modelo de canal crucial e de filiações sem perdas. Além disso, a execução da convenção de dormência é apresentada no contexto de um ponto de rutura de adiamento organizado e de taxas de colisão. Além disso, em , a decisão de planeamento é executada como um resultado diferido de rivalidades de elementos ao nível do acesso temático. Mais particularmente, o salto é escolhido considerando uma parte ponderada do progresso e a força de transmissão é alargada de forma inteligente até que o melhor foco seja encontrado. Adicionalmente, são utilizados os registos on-off. As avaliações de execução de cada uma destas propostas mostram as inclinações do sistema cross-layer na camada de controlo e MAC. A utilização de horários on-off numa estrutura de gestão e MAC de camadas cruzadas é avaliada de forma semelhante em . Neste trabalho, é feito um curso de ação MAC baseado em TDMA, em que os focos de atenção selecionam distributivamente as suas aberturas de tempo adequadas tendo em conta os dados da topologia da vizinhança. O planeamento personalizado maltrata adicionalmente estes dados para a fundação do curso

A Liu (2008) - A criptografia de chave pública (PKC) tem sido o desenvolvimento que permitiu ocultar várias organizações e tradições de segurança em estruturas padrão, por exemplo, a Internet. Na associação de estruturas de sensores sem fio, a criptografia de torção elíptica (ECC), um campeão entre os melhores tipos de PKC, está sendo examinada para dar suporte a PKC em aplicações de estrutura de sensores para que os atuais cursos de ação baseados em PKC possam ser abusados. Este artigo demonstra o projeto, a execução e a avaliação da TinyECC, uma biblioteca configurável para operações ECC em estruturas de sensores sem fios. O objetivo vital da TinyECC é fornecer um pacote de programação disponível sem reservas para operações PKC baseadas em ECC que possam ser compostas de forma adaptável e facilitadas em aplicações de estruturas de sensores. O TinyECC fornece diferentes interruptores de progressão, que podem ativar ou desativar actualizações específicas à luz das necessidades dos especialistas. Diferentes misturas das progressões têm tempos de execução e utilizações de recursos específicos, dando aos arquitectos uma flexibilidade notável na organização do TinyECC em aplicações de estruturas de sensores. Além disso, este documento relata a avaliação experimental do TinyECC num par de fases essenciais de sensores, incluindo o MICAz, o Tmote Sky e o Imotel. Os resultados da avaliação mostram os impactos dos avanços individuais no tempo de execução e na utilização de recursos, e fornecem a configuração mais computacionalmente capaz e a mais vantajosa em termos de armazenamento do TinyECC.

AdeelAkhtar (2010) - Este artigo esclarece sobre os três modelos em estruturas de sensores sem fios, que são demonstrados pelos diferentes modelos. Cada caso social é constituído por um chefe de reunião (CH) e por um conjunto de interesses centrais. O CH diferente obtém os dados percebidos a partir de centros de centros de partes reunidas, implica a informação reconhecida e depois envia-a para

a estação de base. Neste artigo, o criador falou sobre o planeamento versátil da recolha intra. Neste artigo, o autor referiu que uma das restrições épicas das RSSF é a imperatividade. Neste trabalho de análise, esta questão é revista e foi proposta uma resposta para a manutenção da fonte de essencialidade. O esquema proposto é o Imperativeness Aware Intra Cluster Routing. Neste cálculo, ao mesmo tempo que se mantém o grau de correspondência intra-agrupamento, cada interior não é obscuro para o outro para organizar os dados. Alguns centros são considerados muito próximos e efectuam o controlo direto e os centros fora do alcance obtêm a organização multihop. Desta forma, os centros mais próximos não têm peso extra.

Aslam (2011) - As estratégias de agrupamento tornaram-se uma decisão típica para alcançar a produtividade vital e a execução flexível em sistemas de sensores de grande escala. O projeto de agrupamento é uma estrutura através da qual os focos dos sensores escolhem a cabeça de acumulação com a qual devem ser criados entre diferentes decisões. A nossa estrutura está preparada para utilizar diferentes estimativas individuais como parte do procedimento de escolha da cabeça do caso social como informação, enquanto, entretanto, actualiza a capacidade de importância dos focos individuais do sensor, além da estrutura geral. A estratégia proposta é concluída como uma convenção em que cada ponto interno se estabelece na sua escolha considerando perto de dados justos.

N. Javed et. al. (2013) - As redes sem fios contêm um número liberal de hobbies de centros de foco de sensores com restrições de centralidade. As exibições de foco do sensor têm sentido limite e enviam informações percebidas para a Estação Base (BS). Reconhecer, além disso, transmitir informações para a BS obriga a uma elevada essencialidade. Nas RSSFs, a centralidade poupada e o aumento do tempo de vida da estrutura são obstáculos notáveis. O esmagamento é uma estrutura chave utilizada para melhorar a utilização da essencialidade nas RSSF. Neste artigo, os autores propõem uma nova estrutura de supervisão baseada em embalagens: Plano de jogo de Agrupamento Eficiente de Energia Distribuída Desenvolvido e Melhorado (EDDEEC) para

RSSFs heterogéneas. O sistema proposto está a considerar mudar de forma alterável e com mais propósito de inclinar a probabilidade de corrida do Cluster Head (CH). Os resultados da encenação mostram que o costume proposto cumpre um tempo de vida mais longo, um período de determinação e mensagens mais úteis para a BS do que o Distributed Energy Efficient Clustering (DEEC), o Developed DEEC (DDEEC) e o Enhanced DEEC (EDEEC) em circunstâncias heterogéneas. Neste documento, é proposta a convenção EDDEEC para as RSSF. A EDDEEC é um costume adaptável de centralidade vigilante que altera rapidamente a probabilidade de os focos se transformarem num CH numa abordagem ajustada e útil para gerir a medida duvidosa de monstruosidade do fluxo de regulação entre os hobbies do centro de foco do sensor. Este trabalho realiza grandes entretenimentos para verificar a amplitude de iniciar a convenção proposta tardiamente. As estimativas de execução escolhidas para este exame são o período de qualidade, o tempo de vida da estrutura e os pacotes enviados para a BS. O exame de reencenação demonstrou resultados de jogadores que isolam EDDEEC mais produtivo e forte do que DEEC, DDEEC e EDEEC.

Rong Du et. al. (2014) - Neste artigo de investigação e trabalho, é abordada a questão fundamental da criação de um modelo altamente seguro contra ataques. "Como é provável que estejamos conscientes, a codificação de estruturas demonstrou as suas extraordinárias perspectivas de aplicação na transmissão de estruturas de sensores sem fios (WSN). Entretanto, está a enfrentar uma variedade de ameaças à segurança, especialmente ataques de conspiração. Na investigação existente, os procedimentos de codificação segura são significativamente mais do que a estrutura topológica segura. Neste estabelecimento, um arranjo pateticamente seguro é proposto a partir da perspetiva de topologia e divisão de estrutura. Considerando a divisão da estrutura e a disposição da topologia, a transmissão da codificação da estrutura é desolada. Neste artigo, o trabalho investigou o projeto de topologia e a questão da divisão da estrutura para uma segurança miserável contra a emboscada da armadilha do ponto central. Analisámos como a divisão da estrutura e o diagrama de topologia influenciaram a segurança das estruturas. Este trabalho propôs um método garantido contra o ataque de plano de ponto central por divisão de estrutura e arranjo de topologia. Este trabalho decompôs as técnicas ISTD e ISNS. As proliferações mostraram que a estimativa de direção proposta pelo ISNS cumpriu uma execução extraordinária. Pode ajustar-se a estruturas maiores e a um número mais proeminente de estruturas de pontos centrais tóxicos do que a ISTD. Como um exame futuro, consideraremos o sistema de layout de topologia protegida sob um número generoso de pontos centrais venenosos e uma estrutura maior.

Ben Othman, S. (2014) - As Redes de Sensores Sem Fios (RSSF) têm vindo a ganhar muita energia na última década. Abriu outra extensão de usos, por exemplo, observação de amplo alcance, incluindo verificação de caraterísticas, exame de vida selvagem e dados terapêuticos incessantes de pacientes que são reunidos usando sensores sem fio. A RSSF permite a tomada de decisões em termos de adaptabilidade e de custos, reservando algo para os doentes e para as empresas de proteção social. Entretanto, existe uma tensão crescente em relação à capacidade dos gabinetes de especialistas para reflectirem de forma frutuosa no meio de catástrofes. Neste sentido, os dispositivos que automatizam a vigilância tranquila podem melhorar consideravelmente a rentabilidade e a natureza da proteção social. Nos consultórios dos especialistas, os sensores de dados de reparação que fazem o rastreio dos doentes transmitem um volume ininterrupto de dados. A transmissão destes dados através de estruturas sem fios num consultório de reparação transforma-se numa questão fundamental, tendo em conta que a informação terapêutica de um indivíduo é especialmente instável. Tem de ser mantida privada e segura. A inspiração que guia este documento é mostrar o nosso esforço inicial na construção de uma estratégia versátil para conseguir uma transmissão segura de dados em estruturas de sensores sem fios úteis.

A. C. Jayasudha (2014) - Nas estruturas de sensores sem fios, os sensores analisam continuamente o ambiente-alvo e fornecem dados à estação de base para posterior determinação. O sistema de sensores sem fios é um sistema de sensores de alta capacidade, que permite a análise de dados e a determinação de objectivos. A partir do momento em que os sensores de sensores sem fios analisam continuamente o ambiente alvo, o tempo de vida da estrutura procura o suporte da bateria. O grupo actualiza a configuração registada de todos os valores do sensor, onde a parte do pacote estará em estado de repouso/pronto e escolhe adaptativamente os arranjos de estimativa por diferenciação e grau de limite de deslizamento. As qualidades-chave são entregues em cada ponto central para contribuir com o processo de confirmação no meio da correspondência. Ao longo destas linhas, todos os dados utilizando esta estimativa diminuirão o uso de essencialidade e existe um compromisso básico entre a correspondência e o custo de contagem. O simulador NS2.29 é utilizado para avaliar a execução de vários parâmetros de tradições, por exemplo, AODV, DSR, DSDV com a nossa estrutura proposta.

Vartika Shah (2014) - A rede de sensores sem fios (RSSF) está a aumentar a sua qualidade inconfundível e a atrair mais interesse devido ao seu progresso tardio e às suas vastas zonas de utilização. Estas estruturas são transmitidas em combinação de campos de forma não vigiada, o que as torna vulneráveis a diferentes tipos de ataques. Os recursos limitados, como a energia das baterias, a memória e o canal de correspondência sem fios, tornam inconveniente a execução da segurança em estruturas de sensores sem fios. Alguns profissionais propuseram as suas estruturas para realizar a segurança de uma forma capaz de imperatividade e dar diversos procedimentos de encriptação simétrica para se preparar rapidamente com pouco uso de memória e menos necessidade de armazenamento

Jun Zhao (2014) - O principal arranjo de predistribuição de chaves q-composto (IEEE S&P 2003) é usado de forma generalizada para trocas seguras como uma peça de estruturas de sensores sem fio em larga escala (WSNs). Yagan (IEEE IT 2012) e este trabalho (IEEE ISIT 2013) exploram as propriedades topológicas das RSSFs usando o arranjo q-composto em virtude de q = 1 com junções de correspondência defeituosas mostradas como canais on/off auto-suficientes. No entanto, está a tentar decidir resultados para q geral sob esse modelo de canal on/off. Neste artigo, resolvemos esse teste e investigamos as propriedades topológicas relacionadas com o grau do ponto central em RSSFs que funcionam sob o arranjo q-composto e o modelo de canal on/off. Os nossos resultados aplicam-se a q geral, mas ainda não houve nenhum trabalho escrito que relatasse os resultados contrastantes, apesar de q = 1, que são mais fundamentados do que aqueles sobre o grau do ponto central. A partir de agora, a quantidade de pontos centrais com um grau de auto-confiança une-se assimptoticamente a um transporte de Poisson, demonstramos a disseminação da probabilidade assintótica para o nível do ponto central de base da estrutura e desenvolvemos a probabilidade de ajuste assintótico para a propriedade de que o grau do ponto central de base não é exatamente um valor opcional. Os exames numéricos confirmam a autenticidade das nossas revelações lógicas.

Para uma análise profunda e empírica dos aspectos de segurança e integridade nas redes IoT, são analisados vários trabalhos de investigação de várias fontes. Seguem-se as abordagens e conclusões dos trabalhos de investigação e manuscritos.

É abordada uma abordagem nova e eficaz para a encriptação de energia. A abordagem está associada ao WPT (Wireless Power Transfer) para melhorar o desempenho global da rede em termos de segurança e integridade. A abordagem proposta utiliza um consumo de energia dinâmico, seguro e baseado em autorizações, de modo a melhorar o desempenho global da rede.

O trabalho sublinha a abordagem eficaz e de elevado desempenho para a segurança em ambientes sem fios agrupados. Esta abordagem utiliza o paradigma baseado no processo de consulta para implementar a segurança em redes sem fios. Utilizando a abordagem proposta neste trabalho, a segurança e a integridade são preservadas em múltiplos parâmetros contra vários ataques.

Os autores abordam a utilização e integração de abordagens de hash criptográfico para a implementação de segurança e autenticação em redes sem fios. Este trabalho sublinha e implementa o MD5 (Message Digest) e o SHA (Secured Hash Algorithm) como um algoritmo híbrido para garantir e reforçar a segurança em redes sem fios

No trabalho, a criptografia leve é implementada para questões de segurança e privacidade nas redes sem fios. É proposta e implementada uma abordagem ultraleve única e eficaz, KLEIN, para melhorar a eficiência global do ambiente de rede.

A encriptação homomórfica é a questão de base adoptada neste trabalho. Neste trabalho, os autores implementaram a encriptação simétrica e a encriptação homomórfica para avaliar o desempenho. Por fim, verificou-se e concluiu-se que o desempenho não pode ser muito melhorado utilizando abordagens de encriptação homomórfica

Num trabalho, os autores propõem um hash leve, o Neeva-hash, que cumpre a criptografia leve considerada especialmente crítica. O Neeva-hash depende do método de limpeza para o ciclo com a alteração liberal da programação, o que proporciona uma excelente capacidade e a segurança necessária na progressão do RFID. O hash proposto pode ser utilizado para alguns fins baseados em aplicações.

O trabalho num artigo aborda as questões dos pedidos das RSSF e da segurança ligeira. Este documento aborda e concebe uma nova abordagem para a segurança e a integridade nas redes sem fios.

Este trabalho considera duas aplicações: a transmissão hop by hop de informação dos nós do cluster para a estação de base e a comunicação direta à informação dos nós do cluster por clientes móveis através de uma estratégia para dispositivos móveis. Devido aos blocos de hardware das RSSF, são utilizadas algumas operações de esforço irrelevante, por exemplo, abordagens criptográficas simétricas e pontos de funções de hash para concluir uma associação dinâmica de chaves. A chave de sessão pode ser redesenhada para manter os perigos de assalto de cada correspondência. Com estas estratégias, a informação acumulada nas redes de sensores sem fios pode ser fornecida com maior segurança. Adicionalmente, o plano proposto é dejectado e separado dos planos de jogo relacionados. Além disso, é feita uma era NS2 em que os resultados exploratórios demonstram que a convenção de correspondência concebida é viável.

Neste documento, é abordada a questão da gestão de chaves para a segurança e a integridade no ambiente sem fios. O principal objetivo deste manuscrito de investigação é avaliar, comparar e extrair o protocolo adequado e de elevado desempenho para os cenários sem fios.

Para responder aos objectivos de segurança e respeitabilidade, este documento propõe um módulo leve, considerando as operações robustas. O plano de jogo criptográfico proposto utiliza focos de curva elíptica para atestar os focos de foco em andamento e como um dos parâmetros auxiliares intrigados para fazer o movimento de bits pseudo-aleatórios. Esta ocasião social é utilizada como um pouco de operações XOR, change e creamer com um objetivo específico concluído para codificar as peças de informação. Os resultados dos ensaios à luz do bit de sensor Mica2 mostram que o plano de jogo de encriptação proposto é nove vezes mais complexo do que o costume LED e duas vezes mais rápido do que a convenção TWINE. Os autores também efectuaram determinados testes e ataques criptanalíticos para estudar a forma de segurança do cálculo e concluíram que a figura é comprovadamente segura.

L. Vasilescu, C. Detweiler e D. Rus em "Aquanodes: An Underwater Sensor Network" (Aquanodes: Uma Rede de Sensores Subaquáticos), falam sobre o hardware dos Aquanodes utilizados debaixo de água. Os nós sensores subaquáticos são designados por AquaNodes Figura 2.2. Até agora construímos 10 nós. Cada nó é construído em torno de uma unidade CPU, baseada no processador ATmega128, com 128kbyte de memória flash de programa, 4kbyte de RAM e 512kbyte de memória flash externa para registo/armazenamento de dados. Esta placa tem sensores de temperatura e pressão, e entradas para 6 outros sensores analógicos ou digitais de 24 bits. O nó sensor subaquático está contido num recipiente cilíndrico acrílico estanque com um raio de 15 cm e uma altura de 25 cm. As tampas do tubo são moldadas para encaixar os componentes electrónicos necessários (por exemplo, o recetor e transmissor ópticos, o transdutor acústico e os cabos). A tampa inferior da caixa tem um sistema de asas que permite a adição de dispositivos de medição autónomos e fornece um mecanismo de suspensão para pesos.

A placa-mãe está ligada a uma placa especial de comunicações ópticas através de uma ligação em série. A placa ótica tem o seu próprio processador e utiliza luz de 532nm. Tem capacidade para um alcance de 2,2m/8m1, num cone de 90/30 graus e um débito máximo de dados de 320kbits/s. Além disso, existe um módulo de comunicação acústica que utiliza modulação FSK de 30kHz e um transdutor construído internamente com um alcance testado até 400m (acreditamos que pode ir mais longe) e uma taxa de dados de 330 bits/s.

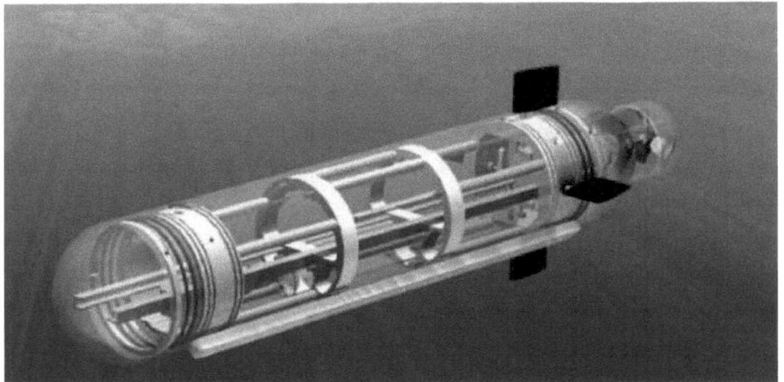

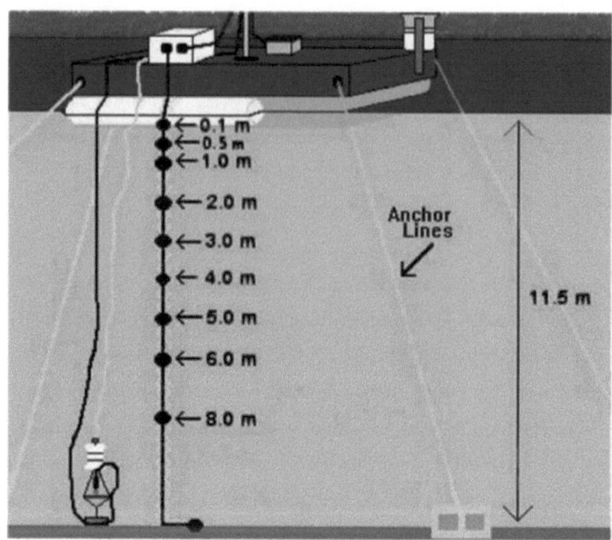

Figura 2.1 Sensores subaquáticos

Figura 2.2 Imagens do nó sensor para subaquático

Para a deteção, cada nó tem um sensor de pressão, um sensor de temperatura e uma câmara a cores de 640 × 480. O nó sensor é alimentado por 56 watts-hora de baterias de iões de lítio. Quando todos os componentes do nó funcionam à potência máxima (por exemplo, o hardware de comunicação está totalmente alimentado e funciona continuamente e todos os sensores estão também totalmente alimentados e recolhem amostras continuamente), a bateria fornece 1-2 semanas de funcionamento contínuo. No modo de suspensão, a bateria fornece 1 ano de energia. O ciclo de funcionamento pode ser ajustado para variar a taxa de amostragem/comunicação em função do tempo de funcionamento. A caixa é pesada para ter uma flutuabilidade positiva de 20%

e é equilibrada de modo a que, se cair na água, aterre sempre no topo.

D. Pompili, Tommaso Melodia, Ian F. Akyildiz, em "Deployment Analysis in Underwater Acoustic Wireless Sensor Networks", abordaram as duas arquitecturas de comunicação para as redes de sensores subaquáticas, ou seja, uma arquitetura bidimensional e uma arquitetura tridimensional, e identificaram os desafios de implantação relevantes. Tal como nas redes de sensores terrestres, nas UW-ASN é necessário assegurar uma cobertura de comunicação, ou seja, todos os sensores devem ser capazes de estabelecer caminhos multi-hop para o dissipador, e uma cobertura de deteção, ou seja, a área monitorizada deve ser coberta pelos sensores. Mais formalmente, o alcance de deteção de um sensor é o raio da esfera que representa a região monitorizada pelo sensor (esfera de deteção). Diz-se que uma porção A_η da região monitorizada A está k-coberta se todos os pontos em A_η estiverem dentro da esfera de deteção de pelo menos k sensores. O rácio de cobertura k ηk de uma região monitorizada A é a fração do volume/área que está k-coberta por uma UW-ASN 3D/2D, respetivamente. A seguir, considerar-se-á o caso de k = 1 para as redes 2D e 3D, a fim de se obter uma cobertura simples de 1 η_t da região, uma vez que os sensores subaquáticos podem ser dispositivos dispendiosos e não se pode assumir uma correlação espácio-temporal.

Redes de sensores subaquáticos bidimensionais - A arquitetura de referência para redes de sensores subaquáticos bidimensionais é apresentada na figura 2.3, em que os nós sensores posicionados estão ancorados no fundo do oceano. Os sensores subaquáticos podem ser organizados numa arquitetura baseada em clusters e estar interligados a uma ou mais gateways subaquáticas (uw-gateways) através de ligações acústicas sem fios. As uw-gateways são dispositivos de rede encarregados de retransmitir dados da rede do fundo do oceano para uma estação de superfície. Estão equipados com um transmissor-recetor vertical de longo alcance, utilizado para retransmitir dados para uma estação de superfície, e com um transmissor-recetor horizontal, utilizado para comunicar com os nós sensores para enviar comandos e dados de configuração e para recolher dados monitorizados. A estação de superfície está equipada com um transcetor acústico, que pode ser capaz de lidar com múltiplas comunicações paralelas com as uw-gateways, e com um transmissor de rádio de longo alcance e/ou transmissor de satélite, que é necessário para comunicar com um onshoresink e/ou com um sink de superfície. Os principais desafios que se colocam com esta arquitetura bidimensional são: i) determinar o número mínimo de sensores e de uw-gateways que é necessário posicionar para atingir a cobertura de deteção e de comunicação pretendida, que é ditada pelos requisitos da aplicação; ii) fornecer orientações sobre a forma de escolher a área de superfície de implantação óptima, tendo em conta uma área de fundo pretendida; iii) estudar a robustez da topologia da rede de sensores face a falhas de nós e fornecer uma estimativa do número de nós sensores redundantes a posicionar para compensar as falhas. Na secção 4, discutimos em pormenor estas questões e apresentamos soluções.

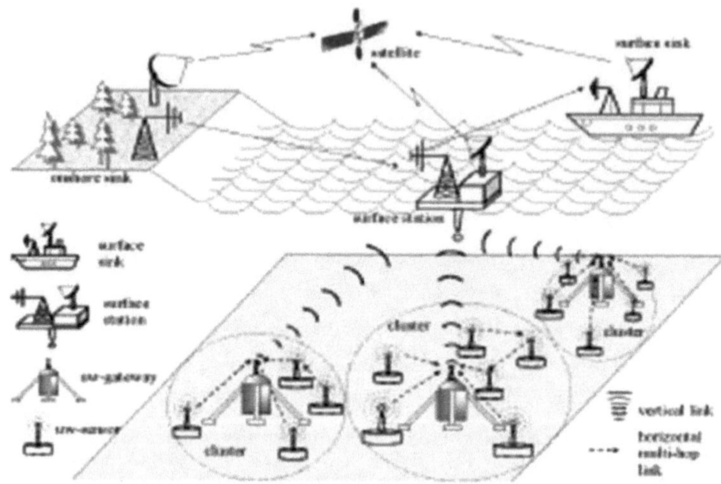

Figura 2.3-2 Arquitetura dimensional das UW-ASNs

UW-ASNs tridimensionais - As redes submarinas tridimensionais são utilizadas para detetar e observar fenómenos que não podem ser adequadamente observados por meio de nós uw-sensor no fundo do oceano, ou seja, para realizar uma amostragem cooperativa do ambiente oceânico 3D. Nesta arquitetura, os sensores flutuam a diferentes profundidades para observar um determinado fenómeno. Uma solução possível seria ligar cada nó sensor a uma boia de superfície, por meio de fios cujo comprimento pode ser regulado para ajustar a profundidade de cada nó sensor. No entanto, embora esta solução permita uma implantação fácil e rápida da rede de sensores, as múltiplas bóias flutuantes podem obstruir a navegação dos navios à superfície ou podem ser facilmente detectadas e desactivadas por inimigos em contextos militares. Além disso, as bóias flutuantes são vulneráveis às condições climatéricas e à manipulação ou furto. Uma abordagem diferente consiste em ancorar dispositivos sensores baseados em guinchos no fundo do oceano, como ilustrado na figura 2.4. Cada sensor é ancorado ao fundo do oceano e está equipado com uma boia flutuante que pode ser insuflada por uma bomba. A boia puxa o sensor em direção à superfície do oceano. A profundidade do sensor pode então ser regulada através do ajuste do comprimento do fio que liga o sensor à âncora, por meio de um motor controlado eletronicamente que reside no sensor.

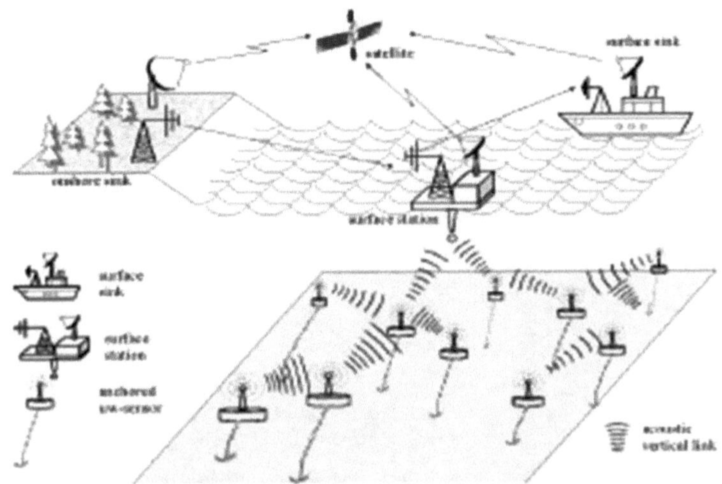

Figura 2.4: Arquitetura tridimensional das UW-ASNs

Esta arquitetura levanta muitos desafios que têm de ser resolvidos para permitir a monitorização subaquática, incluindo: i) os sensores devem regular a sua profundidade de forma colaborativa para obter uma cobertura de deteção 3D da coluna oceânica, de acordo com os seus alcances de deteção; ii) os sensores devem ser capazes de retransmitir informações para a estação de superfície através de caminhos multi-hop, uma vez que nas redes subaquáticas 3D pode não haver noção de uw-gateway. Assim, os dispositivos da rede devem coordenar as suas profundidades de modo a garantir que a topologia da rede esteja sempre ligada, ou seja, que exista sempre pelo menos um caminho de cada sensor para a estação de superfície, e que a cobertura de comunicação seja alcançada.

Carrick Detweiler, Markek Doniec, Luliu Vasilescu, Elizabeth Basha e Daniela Rus, em "Short Paper: Autonomous Depth Adjustment for Underwater Sensor Networks" falaram sobre o nó sensor, o autor concebeu o AquaNodes para ser um sistema flexível de deteção e comunicação subaquática. Anteriormente, descrevemos o desenvolvimento do hardware, da eletrónica, dos sistemas de comunicação e do software para o sistema de rede de sensores subaquáticos AquaNode. Neste artigo, acrescentámos um módulo baseado num guincho que permite a cada nó sensor ajustar dinamicamente a sua profundidade. A Figura 2.5 mostra uma imagem do AquaNode. O AquaNode tem uma forma cilíndrica com um diâmetro de 8,9 cm e um comprimento de 25,4 cm sem o mecanismo de ajuste de profundidade e de 30,5 cm com o mesmo montado. Pesa 1,8 kg e tem uma capacidade de flutuação de 200 g com o sistema de regulação da profundidade montado. No centro do sistema AquaNode está um processador ARM7 de 60MHz. O sistema tem sensores de pressão (para profundidade) e de temperatura, bem como a capacidade de ligar outros sensores. O AquaNode tem uma bateria de iões de lítio de 60WHr incorporada. Esta é suficiente para 2 dias de comunicação acústica regular, 2 semanas de deteção contínua, ou até um ano de tempo de espera. O tempo de utilização desejado pode ser alcançado variando os graus de deteção e comunicação.

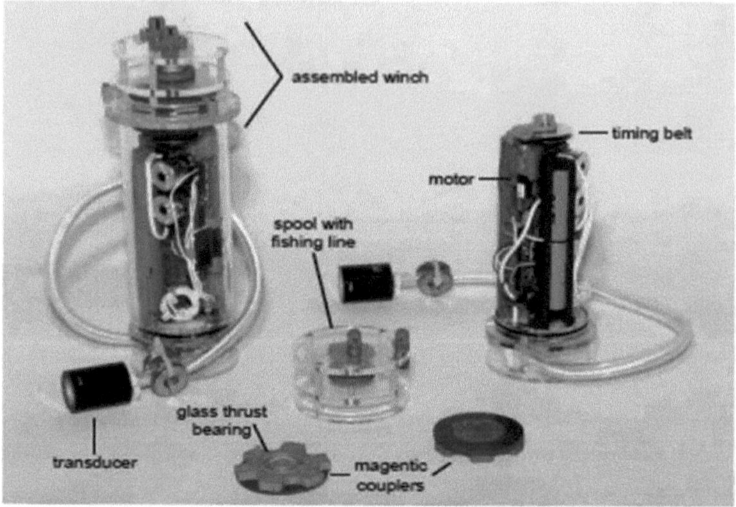

Figura 2.5 AquaNode utilizado em UWSN

A comunicação é efectuada através de sistemas de rádio, ópticos e acústicos. O rádio Aerocomm AC4790 é utilizado quando o nó vem à superfície através do sistema de regulação da profundidade para uma comunicação de média velocidade (57kbit) e longo alcance (3km). Os modems acústicos e ópticos foram desenvolvidos no nosso laboratório. O modem ótico é utilizado para comunicações de alta velocidade (3Mbit) e de curto alcance (3m) e o modem acústico é utilizado para comunicações de baixa velocidade (300b/s) e de longo alcance (400m). O modem acústico é um modem modulado por chaveamento por mudança de frequência (FSK) que funciona com uma frequência portadora de 30 KHz. O núcleo do modem acústico é um processador DSP de ponto fixo Analog Devices Blackfin BF533 que funciona a 600MHz. Medimos um alcance máximo de cerca de 400 m e um alcance de funcionamento típico da ordem dos 100 m.

Tipicamente, os AquaNodes são amarrados a uma âncora e flutuam na água a meio da coluna. Com a adição do sistema de ajuste de profundidade, os AquaNodes são capazes de ajustar dinamicamente a sua profundidade.

O sistema de ajuste de profundidade é um módulo baseado num guincho que pode ser adicionado ao sistema principal do AquaNode para permitir o ajuste de profundidade em águas até 50m de profundidade. A figura 2.5 mostra também o sistema de ajuste de profundidade ligado a um AquaNode, bem como um nó desmontado. O sistema de ajuste de profundidade baseado num guincho está normalmente orientado para baixo na água. Na imagem o nó está invertido para maior visibilidade.A Figura 2.6 mostra os pormenores do sistema de regulação da profundidade. Internamente ao nó existe um motor, uma cabeça de engrenagem e uma correia de transmissão. Um acoplador magnético transmite a potência de acionamento através da caixa do AquaNode para fazer rodar uma bobina de linha de ancoragem. O sistema de ajuste de profundidade permite aos AquaNodes mudar de profundidade na água a uma velocidade de 2,4m/min e consome aproximadamente 0,6W quando em movimento. O primeiro componente do sistema é um motor que acciona o guincho. O motor é um Faulhaber 1224-12V de 1,3W de potência de saída com uma cabeça de engrenagem de dentes retos com uma redução de 20,6:1. O conjunto do motor e da caixa de velocidades tem 51,6 mm de comprimento e 12 mm de largura. Ligamos a saída da caixa de velocidades a uma transmissão por correia dentada que reduz ainda mais a saída em 6:1, proporcionando uma redução total de 123,6:1. A transmissão por correia dentada liga-se a um acoplador magnético concebido à medida. O acoplador magnético transmite a potência de acionamento do interior da caixa para o exterior sem necessidade de penetrar na caixa com um veio. Isto tem uma série de vantagens. Em primeiro lugar, não há hipótese de fugas. Em segundo lugar, isto permite que os componentes externos do guincho sejam facilmente removidos. Finalmente, o acoplador magnético é compatível com os desalinhamentos dos dois lados do acoplador.

Os acopladores magnéticos internos e externos são idênticos e são compostos por quatro partes. Concebemos um suporte que contém lugares para seis ímanes. Orientamos os ímanes no suporte com pólos alternados de modo a que o campo magnético forme um circuito fechado quando ligado ao outro acoplador. Para concentrar o campo magnético, um anel de aço é colocado em cima dos ímanes. Na parte inferior do suporte, colocamos uma chumaceira de impulso de vidro feita à medida. Isto confere aos acopladores uma fricção muito baixa, garantindo a sua eficiência. O acoplador magnético externo é submerso em água salgada, pelo que a resistência à corrosão é importante. Ambos os acopladores utilizam ímanes de neodímio niquelados resistentes à corrosão.
O acoplador magnético externo liga-se diretamente à bobina na qual a linha de ancoragem é enrolada através de um eixo de alumínio. Os casquilhos de bronze suportam o eixo de modo a permitir-lhe rodar com pouca fricção. Uma vez que o cabo de ancoragem é enrolado perpendicularmente ao eixo, três rodas de polia de delrin guiam e redireccionam o cabo de ancoragem. Estas proporcionam um método de baixa fricção para alinhar corretamente a linha de ancoragem na bobina. Utilizamos linha de pesca de 30 lb de teste como linha de ancoragem na

bobina. A bobina tem capacidade para mais de 50 metros de linha.

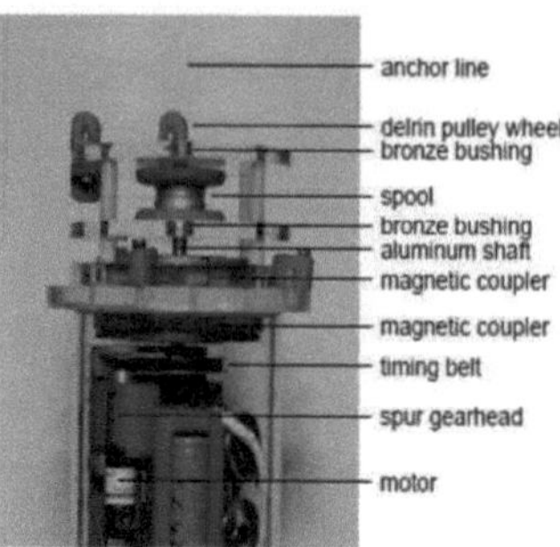

Figura 2.6 Mecanismos de regulação da profundidade

Carrick Detweiler, Luliu Vasilescu e Daniela Rus em "An Underwater Sensor Network with Dual Communications, Sensing and Mobility" disseram que:A) Hardware do Modem Acústico - O modem acústico é construído em torno de um processador DSP de ponto fixo Analog Device Blackfin BF533 que funciona a 600Mhz. Para a transmissão, o processador gera um sinal PWM que é amplificado por um amplificador de classe D de 0W, funcionando a cerca de 90 transdutores desenvolvidos internamente. Para a receção, o sinal do mesmo transdutor é passado através de um filtro passa-banda e de um amplificador de ganho variável que acciona um A/D de 12 bits que recolhe amostras do sinal a 250 k amostras por segundo. O modem utiliza uma modulação FSK numa frequência portadora de 30 KHz. O tamanho do símbolo é de 3ms, consistindo em 1ms de transmissão e 2ms de pausa. Os números foram determinados experimentalmente. O nosso objetivo foi alcançar um bom compromisso entre a interferência inter-símbolos e a resolução de frequência no lado do recetor. Cada pacote de dados é composto por um pulso de sincronização seguido de 16 bytes de dados. O pulso de sincronização é uma varredura de frequência linear de 5ms reconhecida no lado do recetor por um filtro combinado. Os dados consistem em 10 bytes de carga útil, 2 bytes de CRC, 1 byte para a ID de origem e 1 byte para a ID de destino, 1 byte para o tipo de pacote e 1 byte para o número de ranhura (utilizado pelo programador TDMA).

Protocolo TDMA - Uma implantação típica de rede começa com a inicialização do número de slots no tipo de implantação. Normalmente, começamos com um número de slots igual ao número de nós no sistema. Podemos adicionar slots em tempo real ou a qualquer momento durante a duração da rede. Os slots adicionais são atribuídos para suportar uma comunicação mais frequente para os nós em movimento ou para as estações de base. Aos nós é atribuído um número de slot no início da implementação. No entanto, qualquer nó pode enviar um comando a outro nó para libertar a sua faixa horária. O protocolo TDMA utiliza faixas horárias de 4 s. Cada faixa horária é dividida num pacote principal de 2 s para o proprietário da faixa horária e em tempos de resposta de 2 s. O tempo de resposta pode ser de uma de duas categorias, com base no pedido do proprietário. O proprietário pode solicitar a comunicação a um único nó ou a comunicação a vários nós. No caso de comunicação a um único nó específico, a resposta inclui dados. No entanto, o pacote de resposta também é utilizado para calcular o alcance entre os dois nós (por exemplo, o tempo de ida e volta deslocado em 2 segundos). No caso de múltiplos destinos, as respostas são espaçadas em intervalos de 200 ms e são utilizadas principalmente para calcular múltiplos alcances dentro de um slot de comunicação. Esta modalidade de comunicação não suporta muita transferência de dados, mas permite uma forma muito eficiente de estimar vários intervalos. Esta caraterística é importante para aplicações que utilizam a rede de sensores como um sistema de localização externo para localizar e seguir um nó em movimento, por exemplo, utilizando o algoritmo de , bem como para aplicações que requerem que a rede se auto-localize e estabeleça um sistema de coordenadas, por exemplo, utilizando as extensões do algoritmo de . Na nossa implementação TDMA, um nó pode possuir entre 0 e N faixas horárias. Os proprietários das faixas horárias podem ser alterados dinamicamente em tempo real.

Auto-sincronização - Uma das principais caraterísticas do nosso sistema de rede de sensores é a capacidade do sistema de se auto-sincronizar sem acesso a uma fonte de relógio externa, como um GPS, ou a relógios de precisão muito elevada. O algoritmo de auto-sincronização funciona da seguinte forma. Os nós são inicializados com o número total de slots e cada nó sabe o seu número de slot. Quando o nó n com o slot N atribuído é posicionado na água, espera ouvir um pacote mestre correto durante N x 4 s. Se o nó ouvir uma mensagem neste intervalo, descodifica o número do slot da mensagem e calcula o seu próprio tempo de conversação com base neste número de slot. Assim, por exemplo, se N = 4 e n ouve uma mensagem do nó cujo número de slot atribuído é 3, o nó n sabe que a sua hora de comunicar é 4 s mais tarde. Este método permite que os nós sincronizem o seu relógio interno. Se o nó n atribuído ao slot N não ouvir ninguém durante os seus primeiros N x 4 s, n começa a transmitir mensagens. Eventualmente, um dos nós começará a comunicar primeiro e todos os outros nós sincronizar-se-ão com ele. Um possível impasse ocorre se todos os nós começarem a falar ao mesmo tempo. Este é um evento de baixa probabilidade. Durante mais de 100 tentativas, nunca encontrámos esta situação. Podemos reduzir esta probabilidade para um valor muito pequeno se a um dos nós forem atribuídos dois intervalos de tempo. Uma vez que os nós sincronizam após a implantação, eles continuam a transmitir durante seus próprios intervalos de tempo. Sempre que um nó ouve um pacote mestre com o CRC correto, o nó volta a sincronizar os relógios. Este procedimento mantém a rede sincronizada ao longo do tempo e permite uma maior robustez face a desvios do relógio.

Michael O'Rourke, Elizabeth Basha e Carrick Detweiler, em "Multi-Model Communications in Underwater Sensor Networks Using Depth Adjustment", contaram o cálculo da utilização do vigor do modem acústico e do rádio. Uma vez que o rádio requer a subida à superfície, também consideramos o vigor necessário para mover o nó para a superfície. Os números de utilização do vigor são teóricos; no entanto, os nossos cálculos utilizam números realistas que correspondem à nossa utilização empírica do vigor. O modem acústico tem uma potência máxima de transmissão de cerca de 10 watts. No entanto, utiliza normalmente um modo de menor potência que funciona a cerca de 5 watts. Recorde-se que o modem utiliza um algoritmo TDMA descentralizado. Em cada slot TDMA de 4 segundos, podemos enviar e receber um pacote de 16 bytes com 11 bytes de carga útil. Assim, temos uma taxa de transferência de 5,5 bytes por segundo. Isto traduz-se numa potência acústica por bit, Pa, de:

$$Pa = 5W/(5.5 * 8bits / sec) = 113.6mJ/bit. \qquad (1)$$

Os AquaNodes usam um rádio de 900 MHz de 1 watt com uma taxa de RFbaud de 76800 bits por segundo. Para o modo broadcast, o rádio transmite cada pacote 6 vezes para garantir a receção e, adicionalmente, para simular o funcionamento full-duplex, após cada transmissão de pacote, espera um período de tempo igual ao tempo de receção do pacote para permitir que outros rádios transmitam. Isto significa que a verdadeira taxa de dados para este rádio está mais próxima de:

$$76800/6/2bits/sec = 6400bits / sec \qquad (2)$$

Podemos então calcular a potência por bit usando o rádio, Pr, como:

$$Pr = 1W/6400 \ bits/sec = 0.16mJ/bit. \qquad (3)$$

No entanto, para enviar usando o rádio, o nó deve primeiro subir à superfície usando o sistema de ajuste de profundidade. O sistema de ajuste de profundidade consome cerca de 0,6 watts e move-se a 2,4m/min. Assim, precisamos de uma potência por metro, Pw de:

$$Pw = 0.6W/0.04m/sec = 15000 \ mJ/m. \qquad (4)$$

A potência total, $P_1 \cdot w$ para transmitir k bits a partir de uma profundidade de d metros usando o rádio e o sistema de ajuste de profundidade (assumindo que voltamos ao mesmo local depois) é:

$$Prw = 2dPw + kPr = 2d * 1500mJ + k * 0.16mJ \qquad (5)$$

Hongkun Yang, FengyuanRen, Chaung Lin e Bin Liu, em "Energy Efficient Cooperation in Underwater Sensor Networks", referiram que a diversidade cooperativa, que é convencionalmente utilizada para melhorar a fiabilidade nas UWSNs, pode ser utilizada para reduzir o consumo de energia e preservar um nível razoável de fiabilidade dos dados e de atraso na comunicação. Começamos por esclarecer em que circunstâncias a diversidade cooperativa poupa vigor em comparação com a diversidade não cooperativa. Mostramos que isso depende em grande parte de parâmetros como a distância entre o nó de origem e o nó de destino, a localização do potencial nó parceiro e os requisitos de fiabilidade e atraso de comunicação. Em segundo lugar, propomos um esquema de cooperação simples mas eficaz para tirar partido da diversidade cooperativa. A diversidade de cooperação pode alcançar uma poupança de vigor quase óptima em algumas circunstâncias e não é pior do que a diversidade não cooperativa em todos os casos. O nosso trabalho fornece diretrizes teóricas instrutivas para a conceção de UWSNs práticas.

AVANÇAR COM A UWSN E A IOT

O algoritmo para a diversidade cooperativa é o seguinte

1: entrada Um conjunto de nós parceiros potenciais P= {P1 ...,P_m }, o nó de origem s, e o nó de
    nó de destino d.

2:Para todos $osPi \in$ P do

3: Calcular $P1^i$, $P2^1$ para (s, Pi, d)

4: calcular η i·

5:fim para

6: I ^ arg max η i·
    i=1,...., m

7nfη· i> 0 então

8: Escolher PI como nó parceiro // empregar a diversidade cooperativa

9: Pi ^ P^i I, P2·^ P^i 2 // Pi, P2 é a potência de transmissão do nó de origem e do nó de destino,
    respetivamente

10:mais

11: utilizar a diversidade não cooperativa

12:fim se

A Internet das Coisas ou IoT é uma das tecnologias comuns e amplamente utilizadas para a formação de ambientes inteligentes com base em cenários baseados em sensores. Atualmente, a IoT está a ser aplicada em vários cenários, incluindo a monitorização ambiental, a produção, o fabrico, os cuidados de saúde, a automatização doméstica, os transportes e muitos outros. A ideia-chave subjacente à IdC é a comunicação máquina-a-máquina, em que todos os dispositivos são ligados através da tecnologia de sensores. Este paradigma é utilizado para o desenvolvimento e a implantação de cidades inteligentes e de infra-estruturas baseadas em sensores. Atualmente, a IoT está a ser implementada em muitos dos serviços de transporte e integrada em automóveis e veículos de carga, o que a torna IoV (Internet of Vehicles). Utilizando esta abordagem, os servidores de controlo remoto da IdC podem monitorizar qualquer um dos veículos em movimento em tempo real e o rastreio pode ser feito com base em múltiplos parâmetros. Na aplicação clássica, a monitorização remota e

O rastreio é feito através de torres ou estações de base e satélites, o que não é muito eficaz devido a diversos factores de qualidade do serviço. Para uma melhor integração do cenário, é utilizado o sistema de posicionamento global, mas podem existir várias vulnerabilidades de segurança e pode haver cracking.

O termo Internet das Coisas (IoT) é um dos domínios de elevado desempenho e sempre baseado na conetividade que utiliza a comunicação baseada em sensores para a comunicação máquina a máquina. Trata-se de uma das tecnologias mais recentes da era atual, centrada na interligação de todos os objectos do mundo real através de dispositivos inteligentes que integram sensores sem fios ligados a satélites. Podemos imaginar os objectos da vida real com dispositivos informáticos incorporados e a comunicar entre si. Com esta tecnologia, podemos localizar tudo a partir de um local remoto utilizando a infraestrutura da Internet [71][72][73].

Utilizando a IdC, a interconexão de todos os sistemas, dispositivos, máquinas, seres humanos, equipamentos domésticos e produtos de escritório pode ser estabelecida utilizando os recursos de rede existentes. Como exemplo ou caso de IoT, podemos seguir qualquer comboio utilizando o serviço de mensagens da Indian Railways. De acordo com as instruções, podemos enviar a mensagem SPOT <TrainNumber> para 139. Após esta mensagem, obtemos a localização exacta e a próxima estação desse comboio. Da mesma forma, muitos serviços de táxi estão a tentar utilizar e implementar a IoT. Atualmente, muitos operadores de táxis estão ligados ao GPS e podemos seguir a localização desse carro no telemóvel, tablet ou qualquer dispositivo ligado à rede. As cidades inteligentes e as casas inteligentes são implementadas utilizando a IoT, em que tudo está ligado e pode ser pesquisado [74][75][76][77].

Na dimensão tecnológica, a IdC utiliza sensores e chips incorporados que são inseridos no sistema que se pretende monitorizar e seguir. Os dispositivos baseados em RFID (identificação por radiofrequência) são classicamente utilizados para a implementação da IdC [79][80][81].

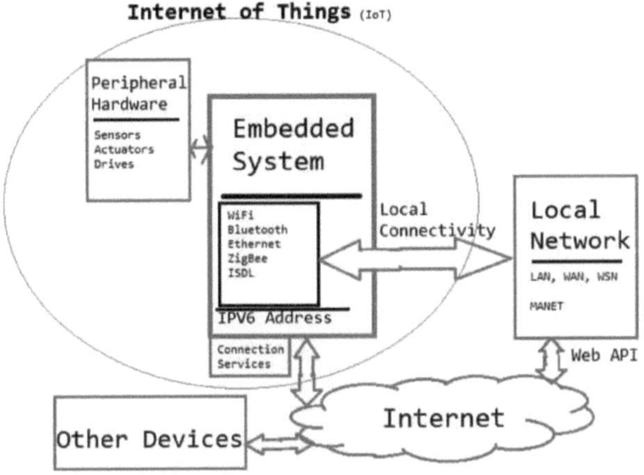

Figura 2.7 - Diagrama da arquitetura tradicional da IoT

De acordo com a investigação e a perceção de Kevin Ashton, a IoT é especificada da seguinte forma - *Atualmente, os computadores - e, por conseguinte, a Internet - dependem quase totalmente dos seres humanos para obter informações. Quase todos os cerca de 50 petabytes (um petabyte equivale a 1024 terabytes) de dados disponíveis na Internet foram capturados e criados por seres humanos ao escreverem, premirem um botão de gravação, tirarem uma fotografia digital ou digitalizarem um código de barras. O problema é que as pessoas têm tempo, atenção e precisão limitados - o que significa que não são muito boas a captar dados sobre coisas do mundo real. Se tivéssemos computadores que soubessem tudo o que há para saber sobre as coisas - utilizando os dados que recolhessem sem a nossa ajuda - seríamos capazes de registar e contar tudo e reduzir significativamente os desperdícios, as perdas e os custos. Saberíamos quando as coisas precisavam de ser substituídas, reparadas ou recolhidas e se estavam frescas ou fora de prazo.*

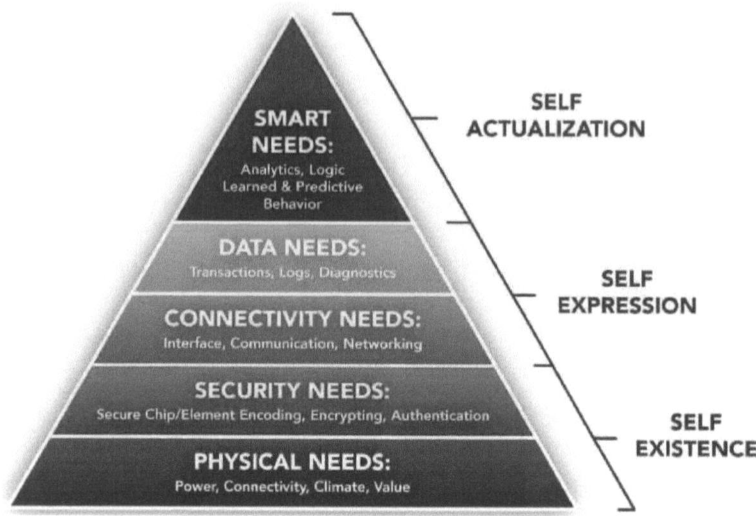

Figura 2.8- Hierarquia de Necessidades e Objectos na IoT

UTILIZAÇÃO DE DADOS DE SENSORES EM AMBIENTE DE NUVEM

Na IdC, é gerada e processada uma quantidade enorme e regular de dados[82][83]. Como na IdC, milhões de objectos estão interligados entre si para partilhar os dados, é necessário conceber e implementar uma solução baseada na nuvem para que as aplicações tolerantes a falhas e seguras possam ser desenvolvidas. Utilizando esta abordagem, os dados gerados pela IoT podem ser preservados e armazenados sem qualquer problema de danos intencionais ou não intencionais. Para gerir e controlar todos estes aspectos, é necessária uma nuvem. Para tal, é necessária a implementação efectiva de uma infraestrutura de computação em nuvem. Nos próximos anos, a Internet das Coisas (IoT) transformar-se-á em Nuvem das Coisas (CoT), porque será muito difícil gerir grandes volumes de dados ou BigData sem a integração da nuvem [84][85][86][87].

Figura 2.9 - Múltiplos dispositivos e objectos ligados à IoT

IMPLEMENTAÇÕES E APLICAÇÕES REAIS DA IOT

Desde a automatização dos edifícios e das habitações até aos objectos de vestuário, a Internet das coisas está presente em todas as facetas da nossa vida. Muitos gigantes empresariais, incluindo a Texas Instruments, a Cisco, a Ericsson, a Freescale e a GE, estão a trabalhar no desenvolvimento e na implantação de cenários IoT [88][89][90]. As empresas estão a criar e a desenvolver as aplicações mais facilmente com hardware, software e apoio para que tudo esteja ligado no âmbito da IdC. Existe um conjunto de mercados-chave para a IdC com potencial de crescimento exponencial[91][92][93].

- Sistemas médicos e de saúde
- Transporte
- Wearables - Relógio inteligente para localização e seguimento
- Cuidados de saúde
- Automação de edifícios e casas
- Cidades inteligentes
- Fabrico inteligente
- Manutenção preventiva
- Segurança dos trabalhadores
- Monitorização remota
- Telemetria de ambulância
- Rastreio de medicamentos
- Localização de activos hospitalares
- Controlo de acesso
- Automóvel

PROTOCOLOS ASSOCIADOS À INTERNET DAS COISAS

- Bluetooth
- Celular
- 6LowPAN
- LoRaWAN
- Linha
- NFC
- Neul
- Sigfox
- WiFi

- Zigbee
- Z-Wave

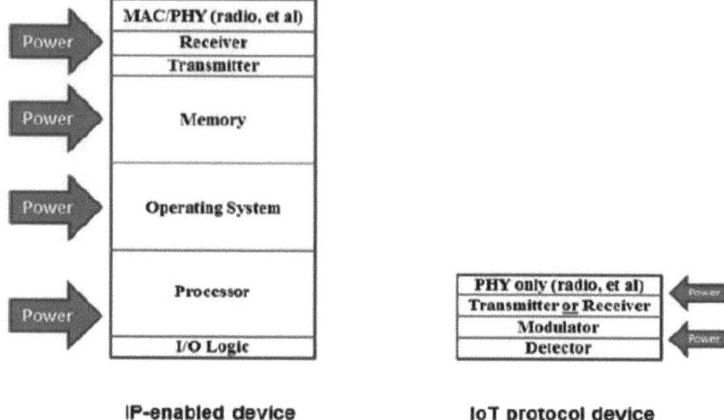

Figura 2.10- Componentes baseados em protocolos IoT

TRABALHOS DOS INVESTIGADORES NO DOMÍNIO DA IOT

Atzori et. al. abordaram a IdC como um sistema poderoso para gerir diferentes tipos de dispositivos e até veículos. Utilizando infra-estruturas baseadas em dispositivos e monitorização remota, o ambiente virtual pode ser criado e gerido eficazmente. [94][95]

Ben et. al. propuseram a aplicação da IdC no domínio das ciências médicas e para fins de rastreio[96][97]. Utilizando esta abordagem, os pacientes podem ser monitorizados utilizando a IoT ou cenários baseados em redes definidas por software [98].

David introduziu o conceito de TinySec, que permite uma arquitetura baseada na segurança e na integridade da camada de ligação completamente integrada para as redes de sensores sem fios. Com esta abordagem e a conceção proposta, a segurança e o desempenho global do sistema podem ser melhorados.

Kopetz propôs a integração e a implementação de infra-estruturas baseadas em RFID que, em última análise, formam um sistema IoT único e de elevado desempenho. Neste cenário, os dispositivos ou veículos podem ser ligados a chips RFID baseados em endereços únicos e, em seguida, pode ser feita a monitorização" |100|.

46

Tabela 2.1: Protocolos com cenários IoT

Protocol	MQTT	XMPP	CoAP	RESTful HTTP
Transport	TCP	TCP	UDP	TCP
Message Transmission	Publish/Subscribe Request/Response	Publish/Subscribe Request/Response	Request/Response	Request/Response

2G / 3G / 4G Suitability (1000 of nodes)	Excellent	Excellent	Excellent	Excellent
LLN Suitability (1000s nodes)	Fair	Fair	Excellent	Fair
Compute Resources	10Ks RAM/Flash	10Ks RAM/Flash	10Ks RAM/Flash	10Ks RAM/Flash
Success Stories	Extending enterprise messaging into IoT applications [101]	Remote management of consumer white goods	Utility Field Area Networks	Smart Energy Profile 2 (premise energy management, home services)

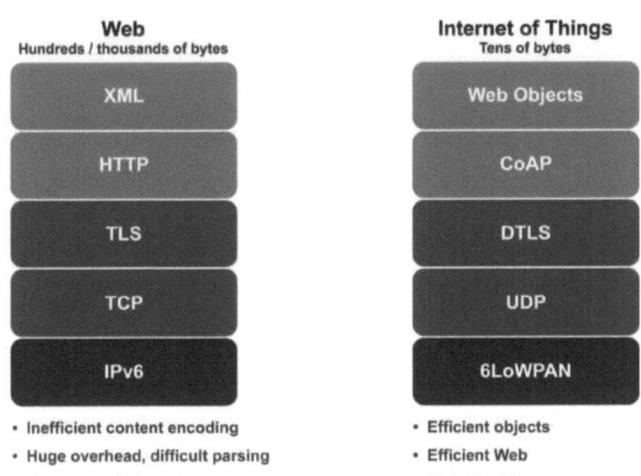

Figura 2.11: Comparação das pilhas de protocolos Web e IoT

Tabela 2.2: Análise comparativa das plataformas IoT

Platform	Device management	Security	Protocols (Data Collection)	Analytics	Visualization
2lemetry	Present	Link Encryption (SSL), Standards (ISO 27001, SAS70 Type II audit)	MQTT, CoAP, STOMP,M3DA	U Apache Storm	Present
Appcelerator	Not Present	Link Encryption (SSL, IPsec, AES-256)	MQTT, HTTP	Uing Titanium	Present using Titanium UI Dashboard
Amazon AWS IoT	Present	Link Encryption (TLS), Authentication (SigV4, X.509)	MQTT, HTTP1.1	Using Amazon Kinesis AWS Lambda	AWS Amazon IoT Dashboard
Bosch IoT MDM IoT	Present	Encryption	MQTT, CoAP, AMQP,STOMP	Unknown	Present (User Interface Integrator)
Ericsson Device Connection Platform (DCP) - MDM IoT Platform	Present	Link Encryption (SSL/TSL),Authentication (SIM based)	CoAP	Unknown	No
EVRYTHNG - IoT Smart Products Platform	No	Link Encryption (SSL)	MQTT,CoAP, WebSockets	Real-time analytics (Rules Engine)	Present (EVRYTHNG IoT Dashboard)

IBM IoT Foundation Device Cloud	Present	Link Encryption (TLS), Authentication (IBM Cloud SSO), Identity management (LDAP)	MQTT, HTTPS	Real-time analytics (IBM IoT Real-Time Insights)	Present (Web portal)
ParStream - IoT Analytic Platform	No	Multilevel	MQTT	Real-time analytics, Batch analytics (ParStream DB)	Present (ParStream Management Console)
PLAT.ONE - end-to-end IoT and M2M application platform	Present	Link Encryption (SSL), Identity Management (LDAP)	MQTT, SNMP	Deep	Present (Management Console for application enablement, data management, and device management)
ThingWorx - MDM IoT Platform	Present	Standards (ISO 27001), Identity Management (LDAP)	MQTT, AMQP, XMPP, CoAP, DDS, WebSockets	ThingWorx Machine Learning ParStream DB)	Present using ThingWorx SQUEAL
Xively-PaaS enterprise IoT platform	Not Present	Link Encryption (SSL/TSL)	HTTP, HTTPS, Sockets/ Websocket, MQTT	Multiple	Present

Quadro 2.3: Análise comparativa dos protocolos IoT

Protocol	Transport	Messaging	2G,3G,4G (1000's)	LowPower and Lossy (1000's)	Compute Resources	Security	Success Stories	Arch
CoAP	UDP	Rqst/Rspnse	Excellent	Excellent	10Ks/RAM Flash	Medium - Optional	Utility field area ntwks	Tree
Continua HDP	UDP	Pub/Subsrb Rqst/Rspnse	Fair	Fair	10Ks/RAM Flash	None	Medical	Star
DDS	UDP	Pub/Subsrb Rqst/Rspnse	Fair	Poor	100Ks/RAM Flash +++	High- Optional	Military	Bus
DPWS	TCP		Good	Fair	100Ks/RAM Flash ++	High- Optional	Web Servers	Client Server
HTTP/ REST	TCP	Rqst/Rspnse	Excellent	Fair	10Ks/RAM Flash	Low- Optional	Smart Energy Phase 2	Client Server
MQTT	TCP	Pub/Subsrb Rqst/Rspnse	Excellent	Good	10Ks/RAM Flash	Medium - Optional	IoT Msging	Tree
SNMP	UDP	Rqst/Response	Excellent	Fair	10Ks/RAM Flash	High- Optional	Network Monitoring	Client- Server
UPnP		Pub/Subscrb Rqst/Rspnse	Excellent	Good	10Ks/RAM Flash	None	Consumer	P2P Client Server
XMPP	TCP	Pub/Subsrb Rqst/Rspnse	Excellent	Fair	10Ks/RAM Flash	High- Manditory	Rmt Mgmt White Gds	Client Server
ZeroMQ	UDP	Pub/Subscrb Rqst/Rspnse	Fair	Fair	10Ks/RAM Flash	High- Optional	CERN	P2P

As actuais implementações da IdC utilizam unidades na berma da estrada que recolhem regularmente a informação e a transmitem. Há uma série de ataques, incluindo ataques de vampiros, ataques de negação de serviço e muitos outros que podem ser disparados contra estes dispositivos sem fios. Todos os carros ou veículos estão equipados com uma unidade de localização e seguimento global para que se possa saber a sua localização efectiva. Em tais ataques, a localização de qualquer carro ou veículo pode ser falsificada e danificada. Pode ser perigoso na estrada e é por isso que é necessário implementar uma abordagem nova e eficaz que mantenha o registo da localização real com base na chave dinâmica gerada com a integração do carimbo de data/hora real e da longitude com a latitude.

CAPÍTULO 3

FORMULAÇÃO DE PROBLEMAS

INTRODUÇÃO DA IMPLANTAÇÃO E RECUPERAÇÃO DE ENERGIA NA UWSN

Neste capítulo, o autor discutirá o novo modelo para conservar a energia entre os nós sensores para obter a fiabilidade da nossa rede. Como estamos a implantar os Aquanodes (sensores) de forma aleatória em três níveis no oceano, o nível superior, o nível médio e o nível inferior. Os Aquanodes que implantamos no nível superior e no nível inferior são estáticos, mas os Aquanodes que estão no nível médio estão ligados a AUV'S, estamos a utilizar estes AUV'S apenas porque para ultrapassar qualquer exceção, como se qualquer nó fosse destruído por qualquer animal ou por qualquer desastre, como o terramoto que ocorre nos oceanos. Em segundo lugar, estamos a introduzir o conceito de recolha de energia a vários níveis a partir da energia das marés para recarregar as baterias dos sensores.

PROPOSTA DE TÉCNICA DE IMPLANTAÇÃO HETROGÉNICA NA UWSN

A rede está posicionada com base no pressuposto de que os nós têm uma implantação heterogénea em termos de energia e de largura de banda. Para garantir a eficiência energética, utilizamos um agregador de dados, que é utilizado como gateway, pelo que é evidente que utilizámos uma disposição hierárquica na nossa rede. A vantagem de um sistema hierárquico em relação a um sistema plano é que é mais eficiente em termos energéticos e mais fácil de recolher dados. Estamos a instalar os sensores em três níveis, que são mencionados abaixo

- Nível do fundo do oceano
- Nível médio do oceano
- Nível superior do oceano

Para implementar uma rede, são necessários alguns elementos de hardware e, tendo em conta a implementação em águas subterrâneas, estamos a utilizar o seguinte hardware para conceber a nossa rede

- Aquanodes
- Agregador de dados
- AUVs
- Lavatório de superfície
- Satélite

NÍVEL DO FUNDO DO OCEANO (NÍVEL DO MAR)

Em primeiro lugar, especificamos a área em que temos de instalar a rede de sensores. Ao nível do fundo do mar, utilizamos os Aquanodes, também designados por nós sensores, e o agregador de dados para transferir os dados recolhidos para o sumidouro de superfície. Em seguida, implantamos o sensor aleatoriamente no fundo do oceano, como mostra a **figura 3.1** abaixo, todos estes sensores comunicam entre si com a técnica de comunicação hop to hop, que também podemos designar por Diversidade Cooperativa.

Figura 3.1 Implantação de Aquanodes (nós sensores) no fundo do oceano

A diversidade cooperativa é constituída por um nó de origem, um nó parceiro e um nó de destino. Assumimos que a diversidade cooperativa funciona segundo o esquema cooperativo de seleção, descodificação e encaminhamento. Na primeira fase, um nó descodifica e reencaminha os dados para o nó parceiro, que os recebe e, em seguida, segue o algoritmo do caminho mais curto e transfere os dados para o seu nó parceiro, de modo a que o último nó sensor entregue os dados ao agregador de dados que aí se encontra.

NÍVEL MÉDIO DO OCEANO (NÍVEL DO MAR)

No nível médio do oceano, os Aquanodes (nós sensores) que implantamos estão ligados a AUV'S e também posicionaremos um agregador de dados lá, como mostrado na **figura** abaixo

3.2. Estes sensores AUV têm duas funções: uma é recolher os dados da camada intermédia do oceano e enviá-los para o agregador de dados da camada intermédia. Neste nível, os Aquanodes seguirão o mesmo método de comunicação de dados que é utilizado no nível inferior, ou seja, a diversidade cooperativa. A segunda coisa é substituir o sensor de descarga ou os sensores que estão a ser destruídos devido à ocorrência de qualquer desastre.

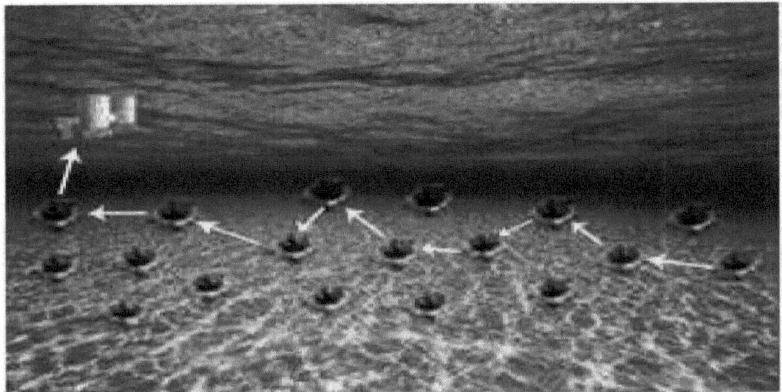

Figura 3.2 Implantação do sensor AUV no nível médio

No nível inferior, se um sensor for destruído devido a uma catástrofe, estes veículos autónomos colocarão os sensores em vez desse sensor destruído. Assim, graças a estes veículos autónomos, a fiabilidade da nossa rede mantém-se.

NÍVEL SUPERIOR DO OCEANO (NÍVEL DO MAR)

No nível superior do oceano, os Aquanodes (nós sensores) que posicionámos são estáticos e seguem a técnica do caminho mais curto para transferir os dados para o agregador de dados que está posicionado a esse nível, como mostra a **figura 3.3** abaixo.

Figura 3.3 Implantação de Aquanodes no nível superior do oceano

Como estamos a utilizar os AUV, s ao nível intermédio, se algum sensor for destruído ao nível superior, esses AUV, s largarão um dos sensores que não estão a ser utilizados e que se encontram em modo de espera. Assim, isto manterá a fiabilidade da rede que implantamos debaixo de água.

3.2.1 ARQUITECTURA COMPLETA   DA IMPLANTAÇÃO DA UWSN

Como se pode ver na **figura 3.4** abaixo, existe uma arquitetura combinada de 3 níveis em que os nós sensores e os agregadores de dados estão posicionados em três níveis: nível inferior, nível intermédio e nível superior. Nos três níveis, posicionámos os Aquanodes (nós sensores) de forma aleatória e utilizámos um agregador de dados para transferir os dados de um nível para outro, o que significa que os dados recolhidos no nível inferior pelo agregador de dados serão transferidos para o agregador de dados do nível intermédio e, em seguida, o agregador de dados do nível intermédio transferirá os dados para o agregador de dados do nível superior para conservar a energia dos nós sensores.

Quando os dados chegarem ao agregador de dados de nível superior, este enviará os dados para o reservatório flutuante no oceano, tal como utilizamos aqui um navio, e esse reservatório flutuante transferirá os dados para o satélite e, a partir desse satélite, obteremos os dados na casa principal ou nos utilizadores.

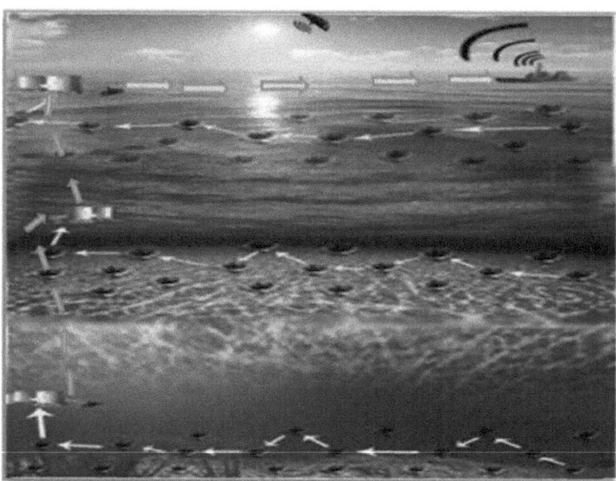

Figura 3.4 Arquitetura de 3 níveis do modeloUWSN

3.2.2 DFD PARA A REDE POSICIONADA NA UWSN

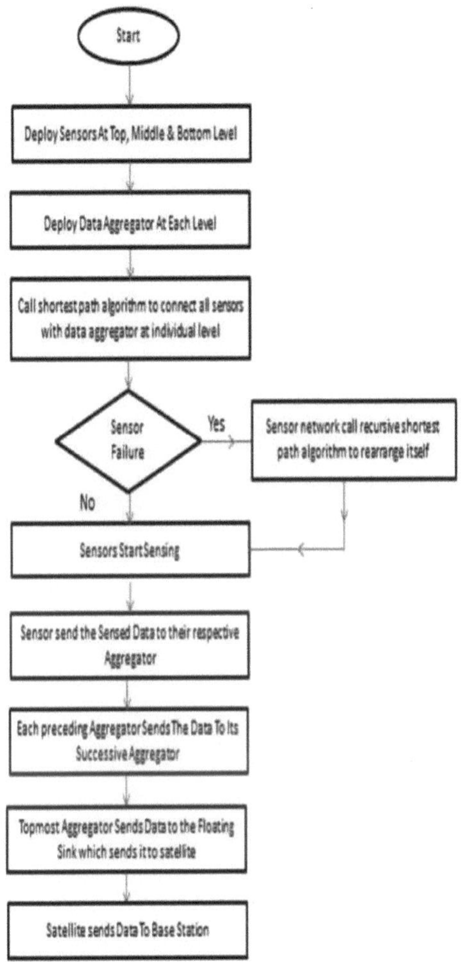

Figura 3.5 Modelo de fluxo de dados da implantação de uma rede de sensores subaquáticos

A figura 3.4 apresenta uma arquitetura de 3 níveis de uma rede de sensores sem fios em águas subaquáticas, na qual os nós de sensores estão posicionados em três níveis: no nível superior, no nível intermédio e no nível inferior.

Nível inferior. Todos os sensores estão ligados a veículos autónomos, pelo que, em caso de catástrofe, outro sensor o substituirá. O DFD da implantação é apresentado na figura 3.5.

No nível inferior, posicionamos os sensores de forma aleatória e todos esses sensores são ligados ao nó agregador de dados. O primeiro caminho mais curto será criado entre cada nó sensor. Depois de criar o caminho mais curto, cada sensor começará a detetar os dados e, após a deteção, transferirá os dados para o agregador de dados posicionado nesse nível. Em seguida, o agregador de dados transfere os dados para o seu agregador de dados correspondente, que está posicionado no nível inferior e no nível superior, como uma comunicação "hop to hop" através da comunicação acústica e, quando os dados são recebidos pelo agregador de nível superior, esse agregador transfere os dados para o dissipador flutuante e, em seguida, o dissipador flutuante transfere os dados para o satélite e, por fim, o satélite envia-os para o utilizador.

No nível médio, os sensores são equipados especialmente com o sistema de ajuste de profundidade. Este sistema é utilizado para aumentar o comprimento da rede. Estes sensores estão ligados ao nó agregador de dados que está posicionado neste nível e a hierarquia da rede é a mesma que no nível inferior. Estamos a utilizar o mecanismo de ajustamento da profundidade para resolver a questão da falha da rede se o nosso agregador de dados falhar em caso de catástrofe. Então, estes sensores descem e estabelecem a ligação sem fios com os sensores, recolhem os dados e sobem as palavras e transferem os dados para o seu agregador de dados em camadas. No caso de outra catástrofe, se considerarmos que o agregador de dados da camada intermédia também falha, estes nós de ajustamento da profundidade recolhem os dados dos nós da camada inferior e transferem-nos para o agregador de dados da camada superior utilizando o mecanismo de ajustamento da profundidade, descendo e subindo, uma vez que todos os nós estão colocados em AUVs.

Os sensores que estão posicionados no nível superior são estáticos e também criam o caminho mais curto para transferir os dados para o nó agregador de dados. Em seguida, o agregador de dados transfere os dados para o coletor flutuante e este transfere os dados para o satélite, que por sua vez encaminha os dados para os utilizadores.

A pia flutuante que estamos a posicionar no oceano sob a forma de navio está altamente equipada com energia. Nesta pia flutuante estamos a utilizar um grande espaço de armazenamento e também as enormes baterias de alimentação para fornecer a energia para a receção de dados, armazenamento de dados e transmissão de dados. Em seguida, esta pia flutuante transfere os dados para o satélite e este envia-os para o utilizador.

MODELO ENERGÉTICO NA UWSN

Como a energia é o maior constrangimento nas redes de sensores subaquáticas. Neste modelo é proposto um mecanismo inovador para o recurso de energia para os sensores que se desintegram debaixo de água, a conversão da *energia das marés em energia eléctrica*, de modo a que os sensores posicionados não se desintegrem ao fim de um número limitado de dias, em vez de utilizarem baterias de iões de lítio. Para esta conversão utilizamos o AquaNodes (sensor) que já foi descrito no capítulo 2.

Uma vez que a energia das marés é uma forma de energia cinética que é derivada da seguinte equação

$$E = \frac{1}{2} m v^2$$

Existem dois tipos de marés, que são mencionados a seguir

- Maré solar $\rightarrow$ Baseia-se no Sol.
- Maré Lunar $\rightarrow$ Baseia-se na Lua.

Se compararmos as duas marés, verificamos que a altura da maré lunar é superior à da maré solar devido ao poder gravitacional da lua, pelo que podemos dizer que durante a noite encontramos marés altas, o que resulta numa maior produção de energia. De acordo com o estudo da corrente oceânica, verificamos que a cada momento existem marés através das quais podemos gerar energia eléctrica para os sensores que posicionamos no oceano a vários níveis.

- **Altura da maré solar**

    Como estudamos durante o dia, no topo dos oceanos há marés de IMtr. Se descermos 500 metros no oceano, a altura da maré é de 2-3 metros e se descermos novamente 500 metros no oceano, a altura da maré é de 4-5 metros.

- **Altura da maré lunar**

    Como estudamos durante o dia, no topo dos oceanos há marés de 2 metros. Se descermos 500 metros no oceano, a altura da maré é de 3-4 metros e se descermos novamente 500 metros no oceano, a altura da maré é de 5-6 metros.

1. Inicializar WSN[n] => Conjunto de nós sensores{n<reqdNodesRandom}
2. Inicializar L[m] => Matriz de camadas {m<=3}
3) Implantar nós com posições aleatórias {PS[j] =>WSN[n]}=>L[m]
4. inicialização e ativação do vetor de energia[k]
5. Ativar o vetor de energia[k], L[m] e WSN[n] para operações recursivas e medições.

6. Initialize l=random rounds () [Random Rounds Activated]

7. for (v=0;v<=l;v++)

Calcular MV[WSN[i][j]] Vetor de movimento e energia

   Fim

8. Medir o vetor de energia de cada nó

9. Atualização EV [Vetor de Energia]

10. seEV<=Th (limiar)

Ativar BS[i] => Estações de Base

Vetor de comunicação (CV) =>STl[i] => Satélite

Recarga de carga[i] =>Ondas de maré[Vetor]

11. SeEV <Vetor requerido, passar ao passo 7 de forma recursiva

12. gerar vectores de energia consumida, rendimento energético e parâmetros conexos

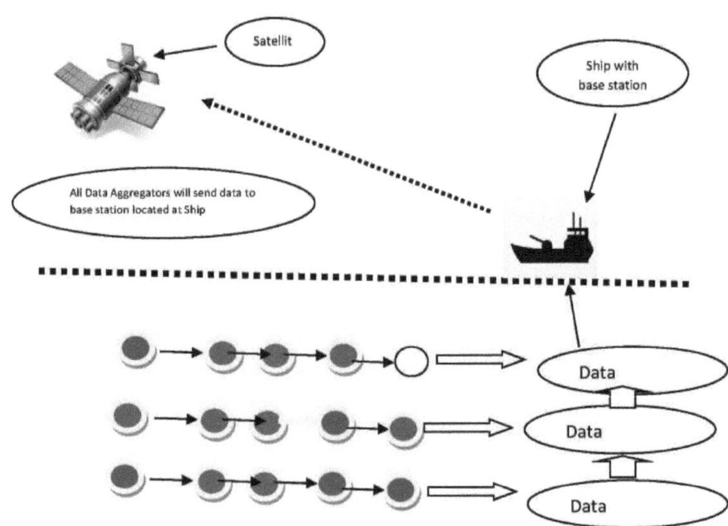

DFD PARA O MODELO ENERGÉTICO NA UWSN

O DFD para o modelo de energia é apresentado na **figura 3.6**.

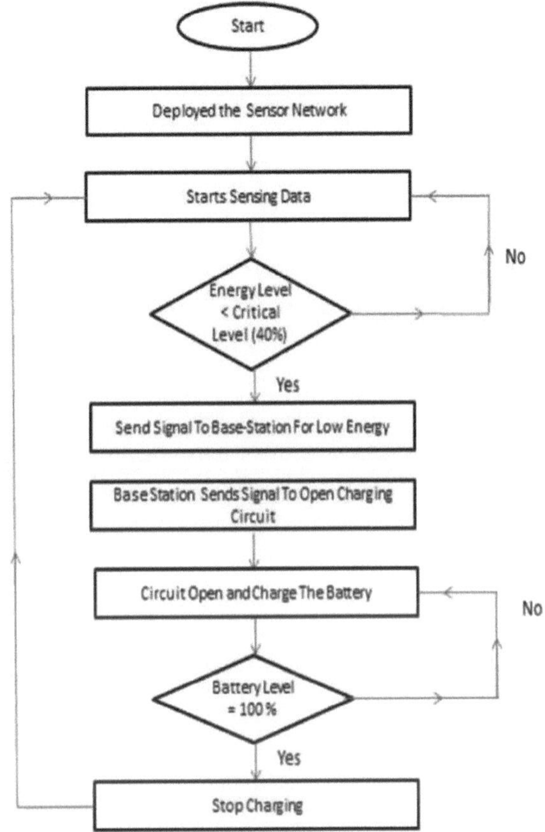

Figura 3.6 Diagrama do fluxo de dados do modelo energético

DEFINIÇÃO DO PROBLEMA

Em diversos ataques associados às redes ad hoc, os nós maliciosos podem registar pacotes (ou bits) num local da rede e enviá-los para outro local através de uma rede privada partilhada com um nó malicioso conivente.

A maior parte dos protocolos de encaminhamento ad hoc existentes não seria capaz de encontrar rotas consistentes para qualquer destino

Quando um atacante reencaminha apenas mensagens de controlo de encaminhamento e não pacotes de dados, a comunicação pode ser gravemente prejudicada

ABORDAGEM GULOSA BASEADA NO SISTEMA EXISTENTE E ABORDAGEM ALGORÍTMICA

Nesta abordagem clássica, os pacotes são transferidos entre a origem e o destino e também são transferidos quando a origem e o destino estão em movimento. Atualmente, os dispositivos móveis desempenham um papel importante na topologia da rede.

A multicast foi claramente comprovada no sistema existente, transferindo pacotes de uma fonte para muitos destinos numa única vez.

Passo 1: O nó de origem, que tenta enviar um pacote para o destino, começa por enviar um pedido de rota para os nós próximos (nós adjacentes) ou para o nó de destino, se este estiver mais próximo da origem. Passo 2 : Os nós adjacentes transferem internamente os pacotes de pedido de rota para os seus nós próximos e depois para o nó de destino.

Passo 3: O nó de destino de um nó de origem actua como nó adjacente a outro nó de origem.

Passo 4 : Se o nó de destino receber o pedido de rota, envia uma confirmação do pedido de rota ao nó de origem de forma semelhante ao pedido de rota.

Passo 5 : Em seguida, o nó de origem começa a enviar pacotes para o nó de destino em qualquer uma das rotas descobertas.

ABORDAGEM EFECTIVA PROPOSTA

O sistema proposto foi concebido para ultrapassar os vários problemas que surgem durante a transferência de pacotes multicast para os nós móveis.

O sistema proposto fornece uma rota optimizada para os vários destinos utilizando o algoritmo da formiga, tal como discutido acima, com a ajuda deste caminho os pacotes são transferidos para os vários destinos.

Passo 1 : O nó de origem envia o pedido de rota ao nó adjacente, o nó adjacente transmite o pedido de rota aos nós próximos.

Passo 2 : O nó próximo do nó adjacente é o nó de destino, pelo que enviará uma resposta de rota ao nó de origem de forma semelhante ao pedido de rota.

Passo 3 : Se o nó próximo do nó adjacente não for o nó de destino, então passará o pedido de rota a esse nó, até que o pedido chegue ao nó de destino.

Passo 4 : Uma vez identificado o nó de destino, os pacotes são transferidos pelo mesmo caminho até que este esteja ao alcance.

Passo 5 : Se o nó de destino não estiver ao alcance, então o nó de origem repete o processo de descoberta de rota.

3.5 FERRAMENTA   PARA O PROBLEMA IDENTIFICADO

- ns2
- xgráfico
- gnuplot
- notepad++
- Linux O.S.
- nome

- awk

3.6 RESULTADOS   DO TRABALHO DE INVESTIGAÇÃO

O trabalho centra-se em ataques em várias camadas e na prevenção utilizando técnicas de otimização de enxames. O trabalho clássico efectuado nos documentos de base está relacionado com abordagens heurísticas que seguem o algoritmo guloso. Isto significa que os resultados óptimos não são alcançados no trabalho clássico.

Seguem-se os excertos do trabalho proposto e a metodologia através da qual os objectivos da investigação são concluídos utilizando os algoritmos e simulações propostos

O trabalho proposto baseia-se em ataques múltiplos e na sua prevenção utilizando a otimização por enxame.

Sistema proposto

O sistema proposto foi concebido para ultrapassar os vários problemas que surgem durante a transferência de pacotes multicast para os nós móveis.

O sistema proposto fornece uma rota optimizada para os vários destinos utilizando o algoritmo da formiga, tal como discutido acima, com a ajuda deste caminho os pacotes são transferidos para os vários destinos.

- O nó de origem envia o pedido de rota para o nó adjacente, o nó adjacente transmite o pedido de rota para os nós próximos.
- O nó próximo ao nó adjacente é o nó de destino, então ele enviará a resposta de rota ao nó de origem de forma semelhante ao pedido de rota.
- Se o nó próximo do nó adjacente não for o nó de destino, então ele passará o pedido de rota para esse nó, até que o pedido chegue ao nó de destino.
- Uma vez identificado o nó de destino, os pacotes são transferidos pelo mesmo caminho até que este esteja ao alcance.
- Se o nó de destino não estiver ao alcance, então o nó de origem repetirá o processo de

descoberta de rota.

O trabalho proposto é eficaz e dá melhores resultados

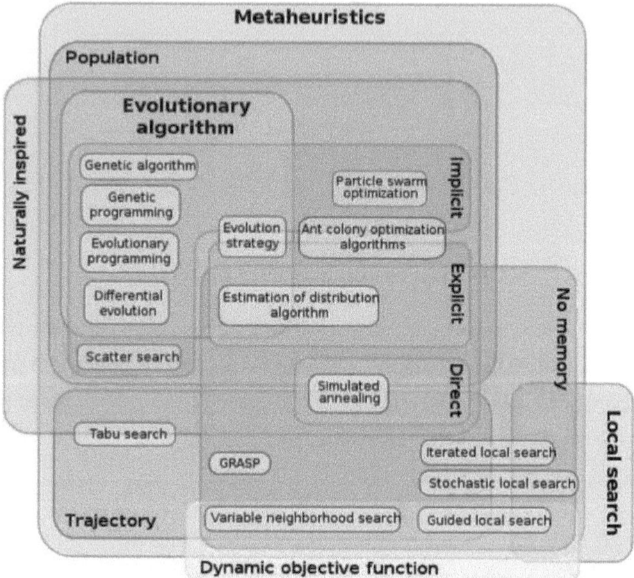

Figura 3.7: Meta-heurísticas e dimensões variadas

Neste trabalho de investigação, propusemos e implementámos um mecanismo inteligente variado que ajuda a ultrapassar o problema de congestionamento que surge durante a transferência de pacotes em redes de sensores sem fios. A nossa técnica fornece a solução para os nós sensores móveis em várias circunstâncias e os resultados obtidos foram melhorados em comparação com as técnicas já propostas. Para a simulação e modelação, é utilizado o simulador de rede ns2. A ferramenta de geração de grafos xgraph é utilizada para comparação dos cenários.

Foram desenvolvidas e aplicadas várias técnicas baseadas na natureza com melhores resultados.

O ataque Wormhole é também conhecido como ataque de tunelamento. Neste ataque de tunelamento, os atacantes em conluio constroem um túnel entre os dois nós para reencaminhar os pacotes, alegando que fornecem o caminho mais curto entre os nós e assumem o controlo total dos nós, que é invisível nas camadas superiores.

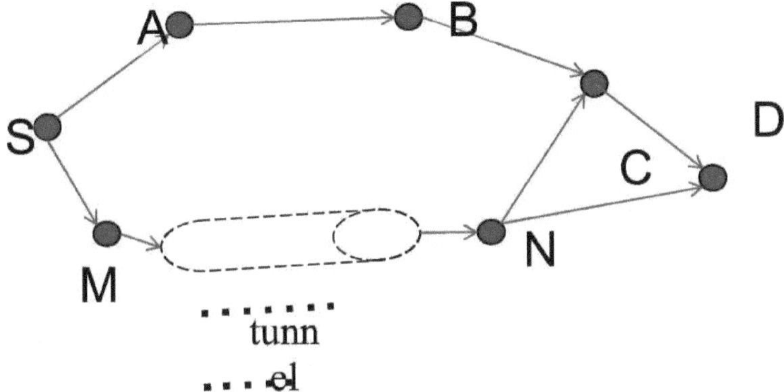

A figura representa o ataque wormhole, em que os nós S e D são a fonte e o destino, A B e C são os nós de ligação que fornecem o caminho entre a fonte e o destino. M e N são os nós maliciosos, ligados por túneis por atacantes em conluio.

Simulation Scenario	Packet Loss Percentage in Greedy Based Approach	Packet Loss Percentage in Proposed Approach
1	60	48
2	86	50
3	63	50
4	68	52
5	95	73
6	63	52
7	20	12
8	30	23
9	40	30
10	10	6

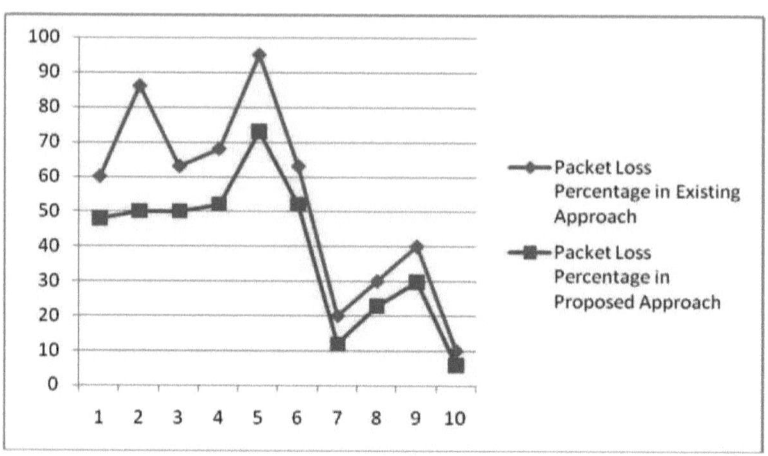

O ataque do buraco negro é um problema sério, neste problema foi utilizado um protocolo de encaminhamento pelo qual um nó malicioso se reporta afirmando que irá fornecer o caminho mais curto.

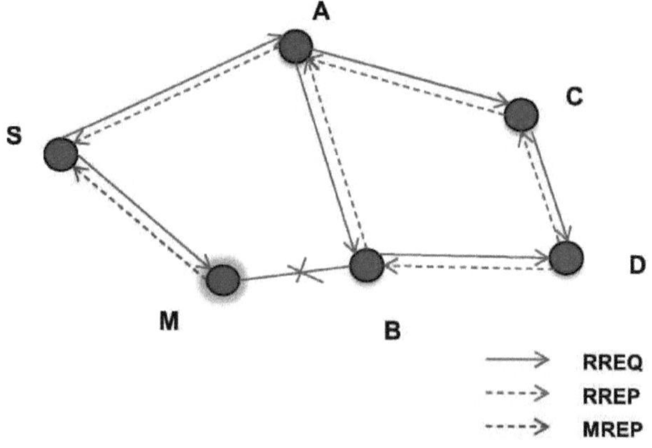

Na figura, os nós S e D são os nós de origem e de destino, ABC são os nós intermédios e M é o nó malicioso. RREQ e RREP são os termos-chave para pedido de rota e resposta de rota, respetivamente. MREP é a abreviatura de resposta maliciosa do atacante

Scenarios	Packet drop (in count)
Classical Heuristics Systems (CHS) system 1	29
Classical Heuristics Systems (CHS) system 2	5
Swarm Optimization Based system 1	2
Swarm Optimization Based system 2	2

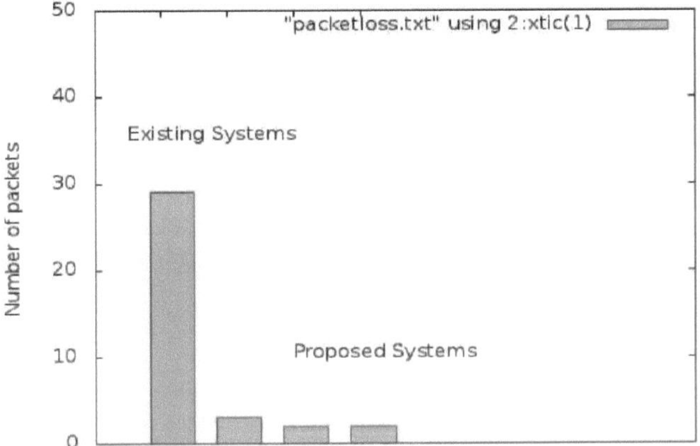

X-Axis – Simulation Attempts

Y-Axis – Packets Loss

A abordagem clássica utiliza a criptografia, que não é muito segura

- As funções de criptografia podem ser detectadas e exploradas por aplicações de terceiros

- No trabalho proposto, é introduzido o conceito de Agente Servidor (SA), que controla a localização e a identificação do registo

- O SA verifica a localização suspeita e o estado de registo anterior e só então a comunicação terá lugar

- Qualquer novo nó que queira comunicar na rede terá de se registar no SA para que a identidade não possa ser forjada pelo nó Sybil

- Os nós Sybil que utilizam esta abordagem são repelidos e registados no servidor para uma correspondência de assinatura adequada

Nesta técnica clássica de abordagem baseada no RSS (RBA), seguiu-se o RSS (Received Signal Strength), pelo que se qualquer nó com RSS superior ao limiar determinado será considerado como atacante, de acordo com o documento de base. Esta abordagem não é totalmente aplicável às UWSN, porque os nós móveis podem ter diferentes intensidades de sinal. Para evitar este ataque, é necessária uma abordagem centralizada que monitorize os nós móveis.

Passo 1

Os nós que participam nas redes para aceder a serviços como a Internet registam a sua identidade junto do agente servidor, que responde com uma identificação única ao nó requerente.

Passo 2

O nó de origem solicita a rota com o ponto de acesso atual para o nó de destino; o ponto de acesso atual reencaminha o pedido de rota para o agente servidor.

Passo 3

O agente servidor verifica o ID de origem, aceita o pedido de rota do remetente e reúne as informações do destinatário utilizando o ID de destino da lista.

Passo 4

O agente servidor transmite então a mensagem de pedido de itinerário utilizando o ID de destino, os nós adjacentes registados que estão mais próximos do nó de destino e que estão prontos para prestar o serviço respondem com a mensagem de confirmação ao agente servidor.

Passo 5

O agente servidor escolhe o nó adjacente com o tempo de vida mais longo (a capacidade de os nós se manterem ligados ao nó de destino) utilizando os detalhes recolhidos do ID, tais como a posição dos nós, a direção do movimento e a velocidade do nó.

Passo 6

Em seguida, o agente servidor fornece uma mensagem de resposta à rota para o nó de origem. Após este processo de autenticação, o nó de origem começa a enviar pacotes de dados de forma segura.

Passo 7

No caso de um nó se afastar da rede, o agente servidor substitui-o imediatamente por outros nós para manter a continuidade da ligação.

Passo 8

Nesta técnica, o nó malicioso ou os nós egoístas são completamente eliminados da rede, uma vez que o agente servidor assume o controlo total da rede ad-hoc.

CAPÍTULO 4

SIMULAÇÃO E RESULTADOS

Os próximos instantâneos são técnicas existentes para impedir o comportamento dos nós de vários ataques.

Cenário de simulação

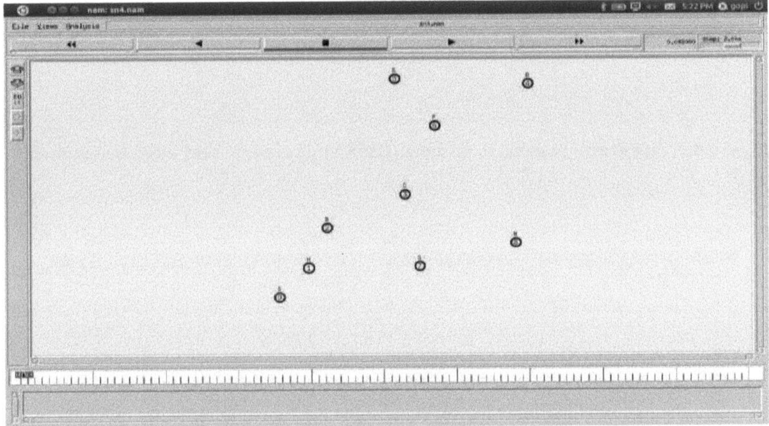

Figura 4.1: Posição inicial e localização dos nós sensores subaquáticos

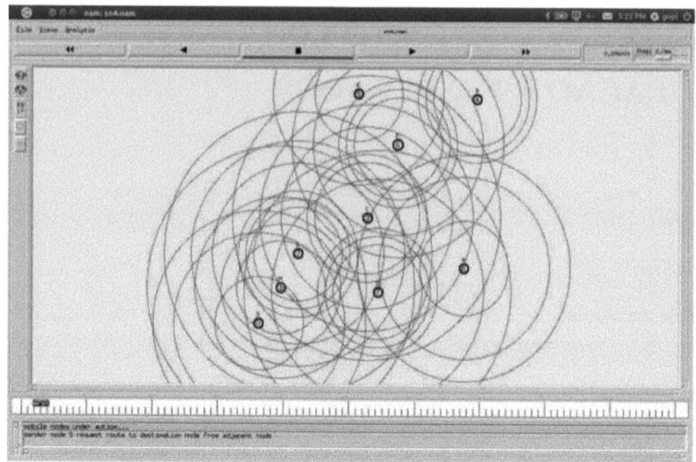

Figura 4.2: Nós sensores debaixo de água (UWSN) no cenário sem fios em movimento

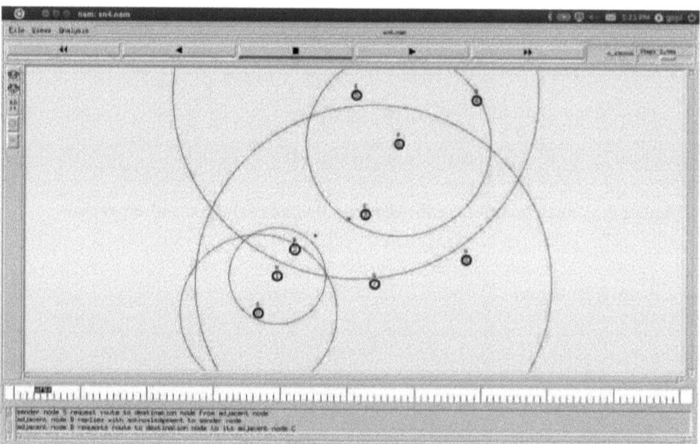

Figura 4.3: Nós sensores debaixo de água (UWSN) RREQ (Route Request)

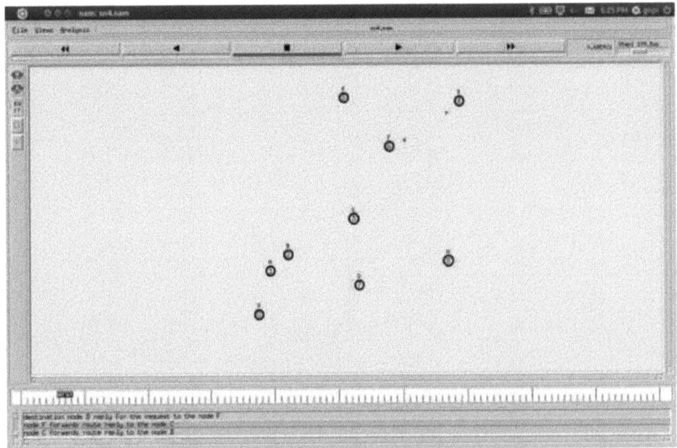

Figura 4.4 - RREP (Route Reply) do destino

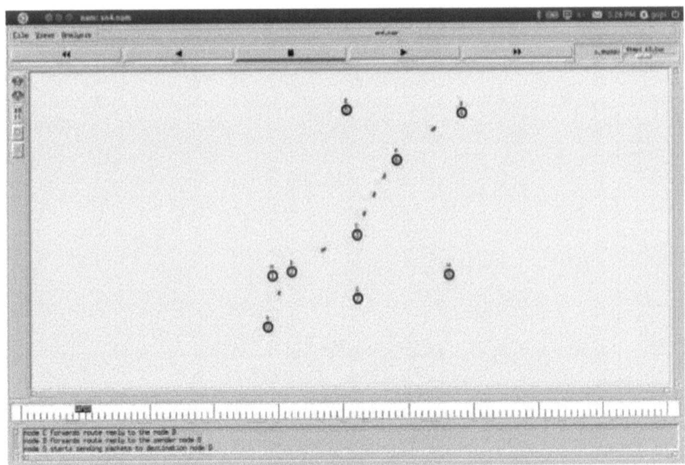

Figura 4.5: Taxa de transferência de pacotes do nó de origem para o destino por nós sensores subaquáticos (UWSN)

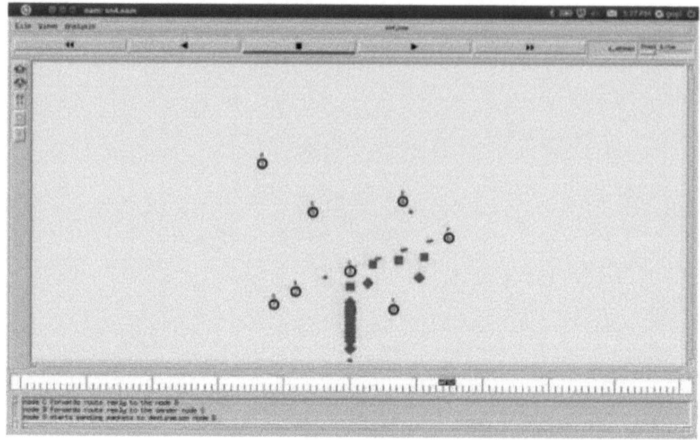

Figura 4.6: Queda de pacotes durante a transformação Cenário de simulação - 2

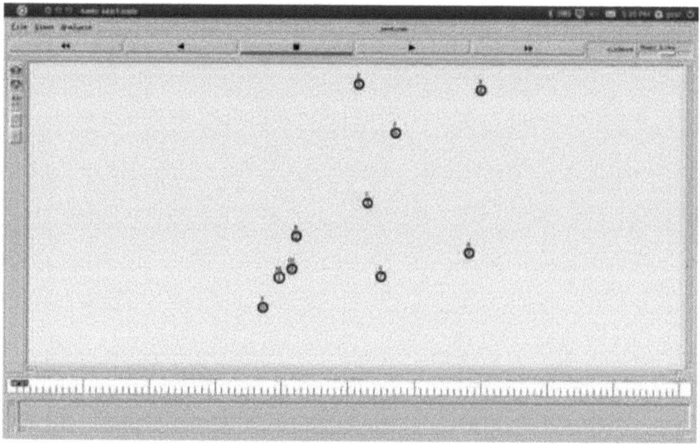

Figura 4.7: Posição inicial e localização dos nós sem fios

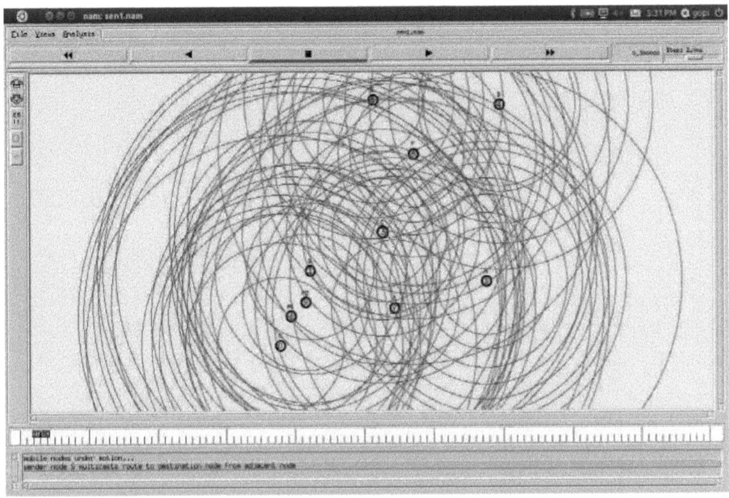

Figura 4.8: Nós sem fios em movimento

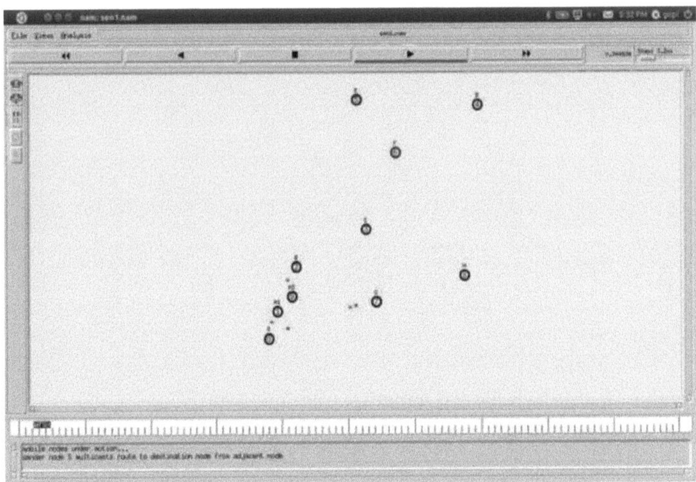

Figura 4.9: Nó remetente que transmite multicasting Route Request

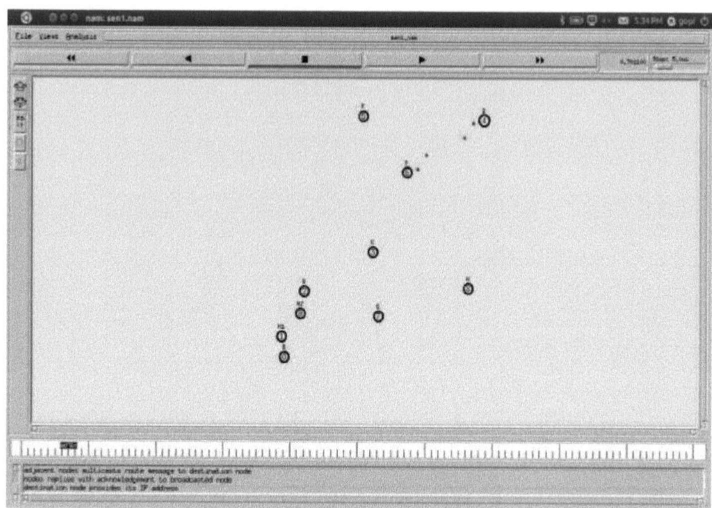

Figura 4.10: Nó de destino em difusão e RREP

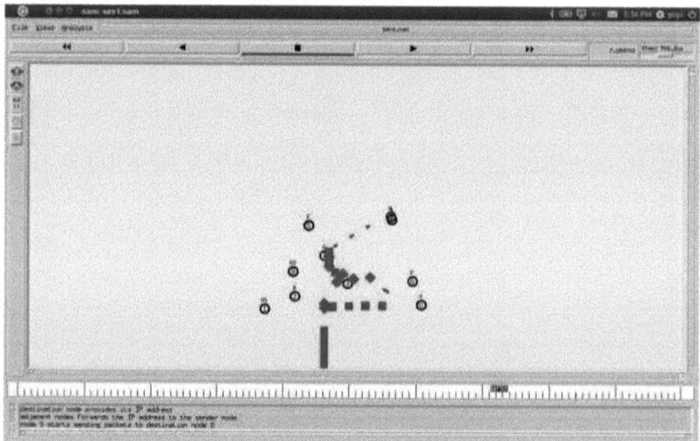

Figura 4.11: Queda de pacotes durante a transformação

Simulação baseada em enxame

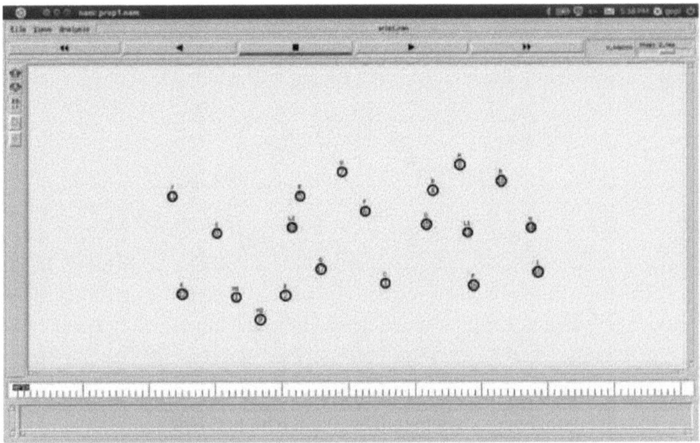

Figura 4.12: Localização inicial dos nós móveis sem fios

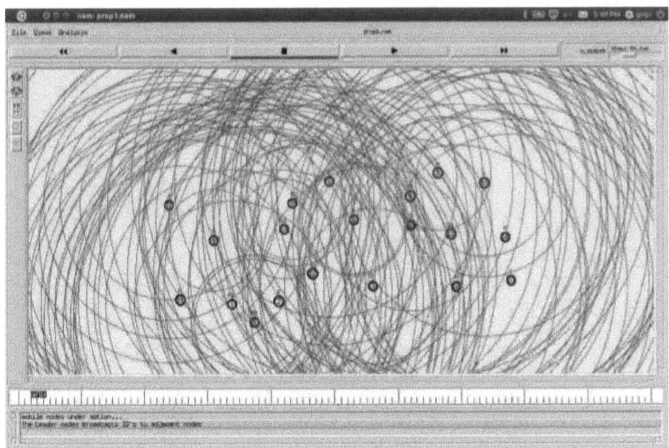

Figura 4.13: Nós sem fios em movimento

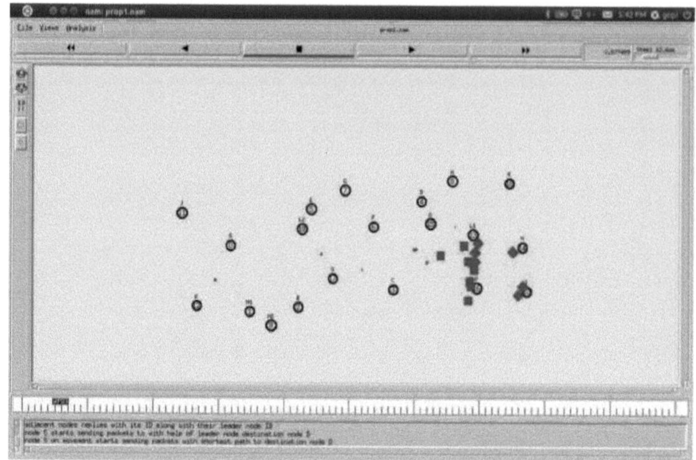

Figura 4.14: Registo de nós para identidade com o nó principal

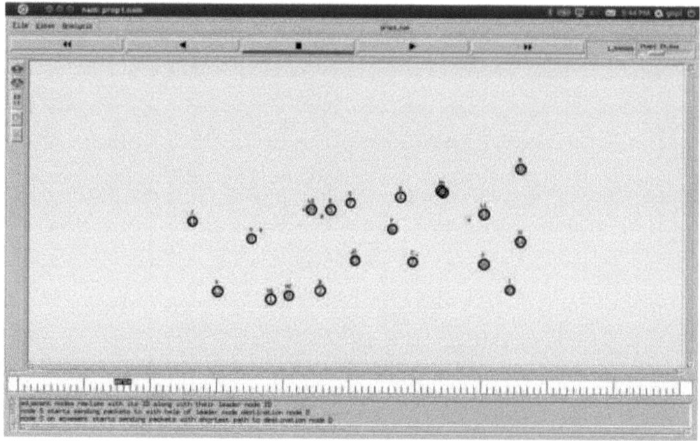

Figura 4.15: O processo de identificação

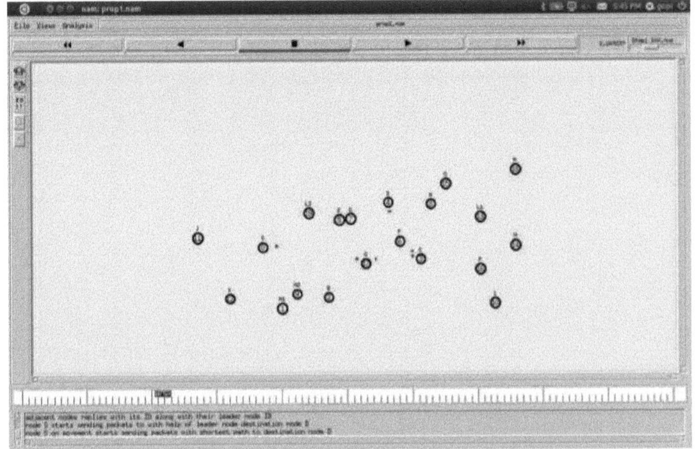

Figura 4.16: Processo de comunicação e transferência de pacotes

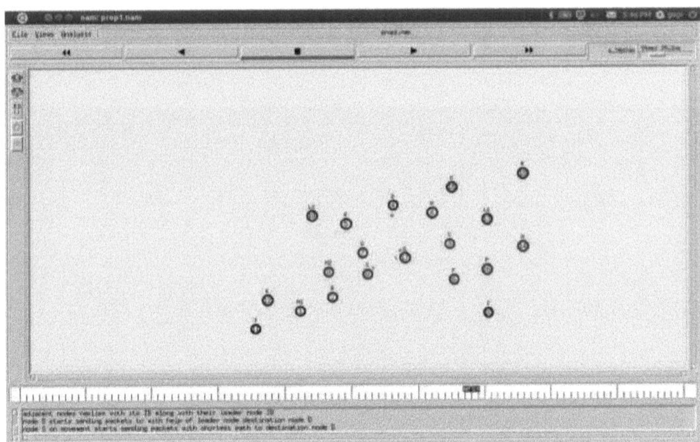

Figura 4.17: Identificação do caminho mais curto

Cenário de simulação baseado em enxame

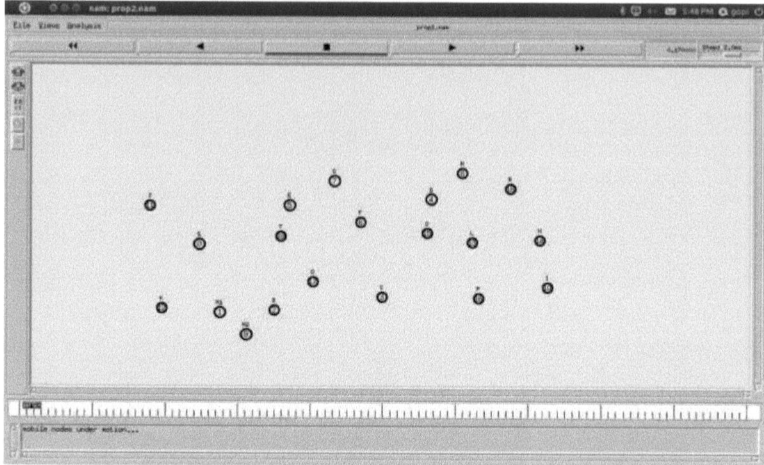

Figura 4.18: Posição inicial e localização dos nós móveis

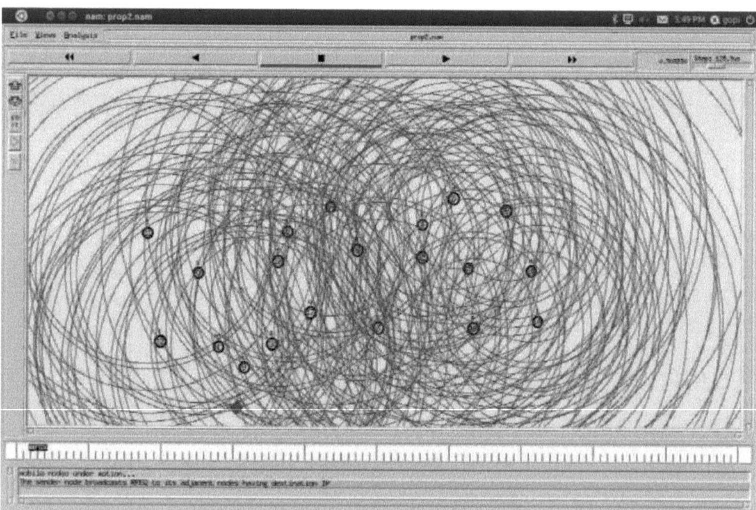

Figura 4.19: Nós em estado de movimento

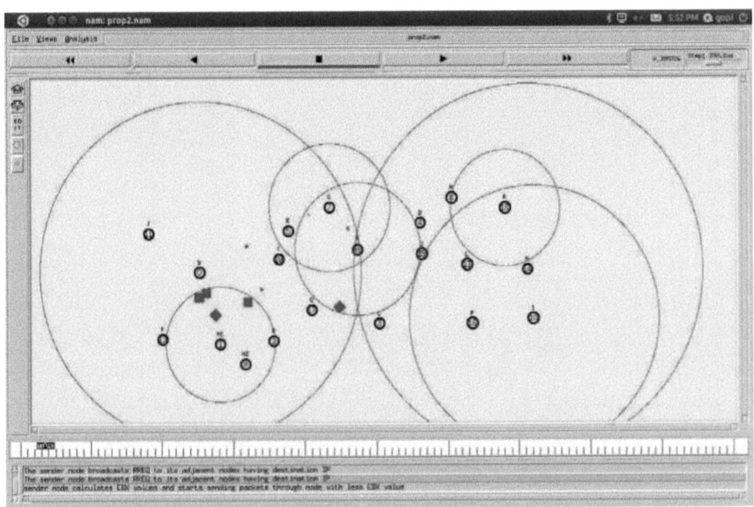

Figura 4.20: Nó remetente que transmite multicasting Route Request

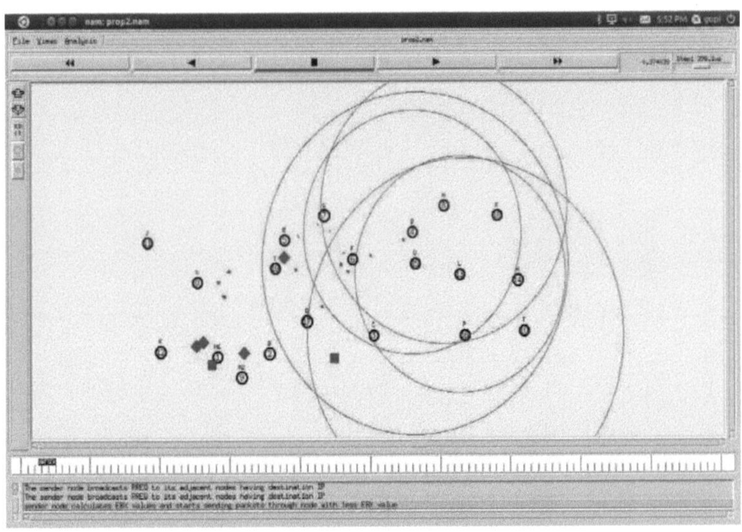

Figura 4.21: RREP de difusão do destino

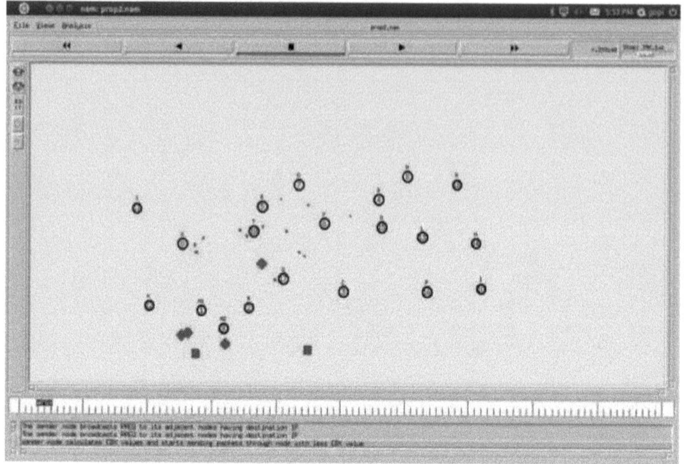

Figura 4.22: Valor EBX da medida do remetente

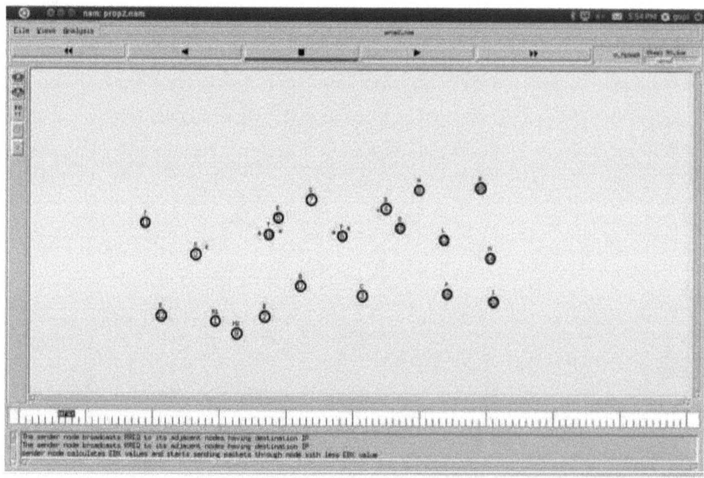

Figura 4.23: Comunicação e transferência de pacotes a partir da fonte

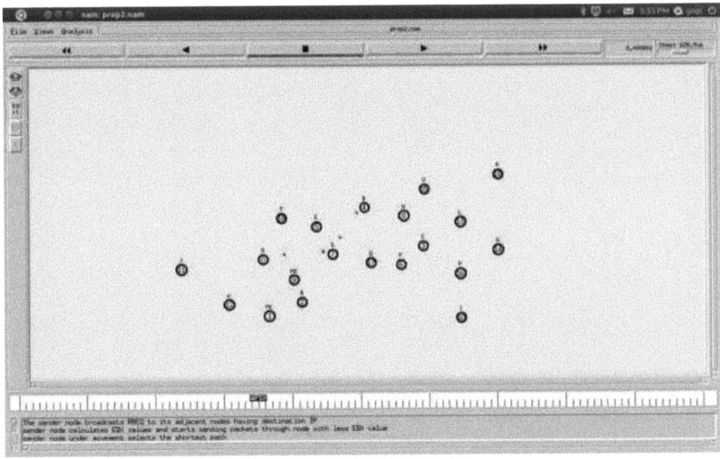

Figura 4.24: Nós sem fios na seleção automática do caminho mais curto Cenário de simulação baseado em enxame

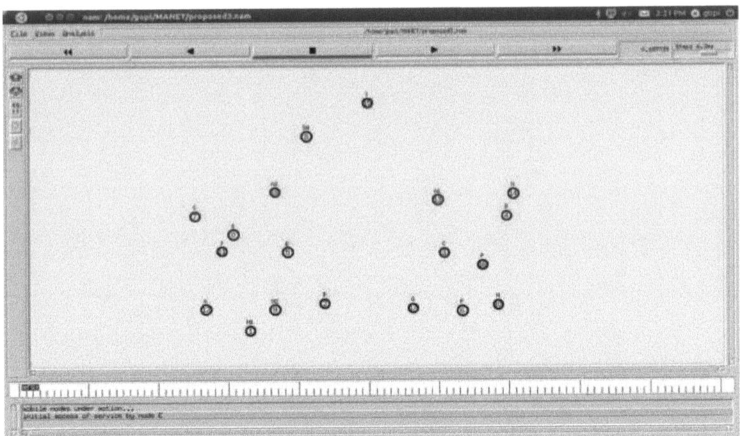

Figura 4.25: Posições iniciais e localização do nó

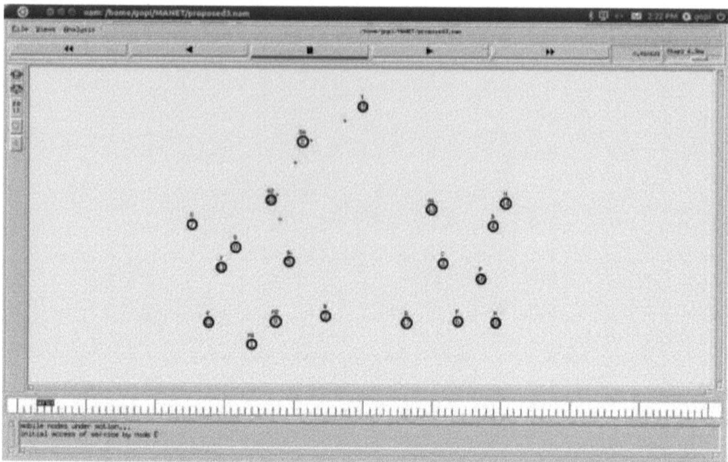

Figura 4.26: Pacotes acedidos por nó para a rede de sensores subaquáticos

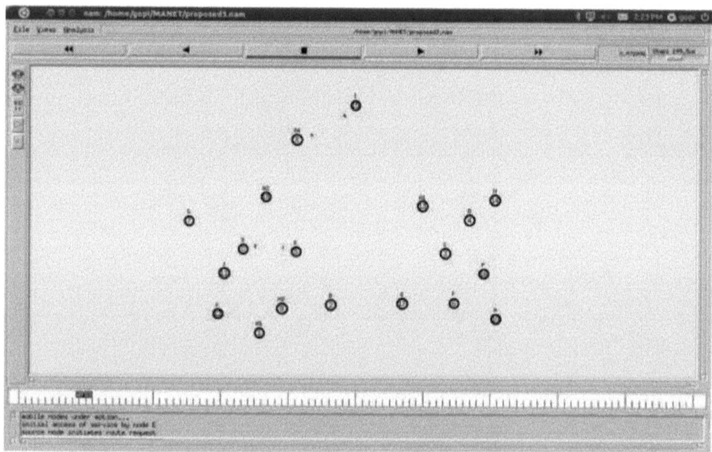

Figura 4.27: Nó de origem enviando pedido de rota

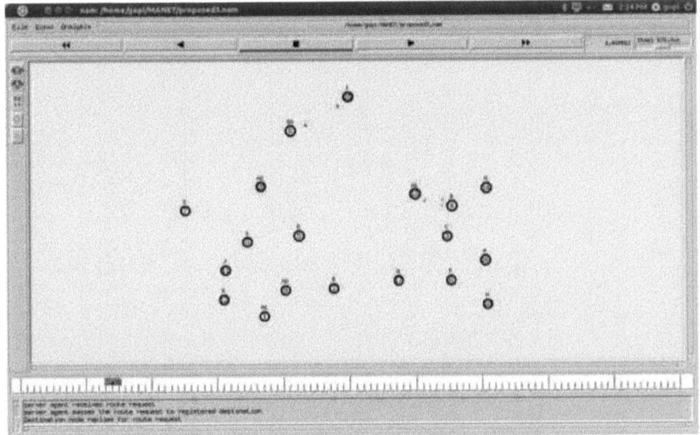

Figura 4.28: O nó sem fios de destino responde com o pedido de rota

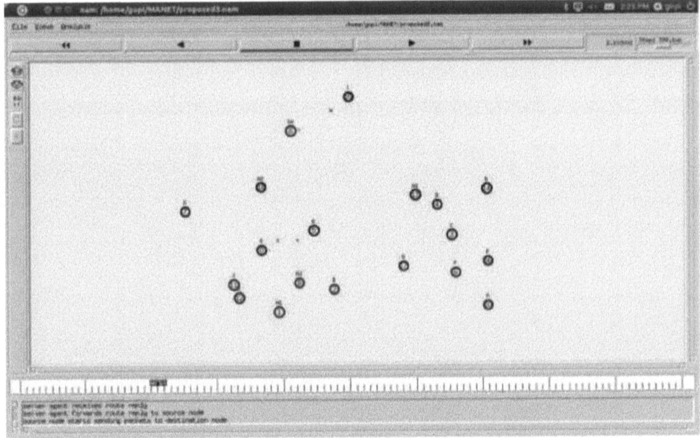

Figura 4.29: Transferência de pacotes iniciada no nó de origem

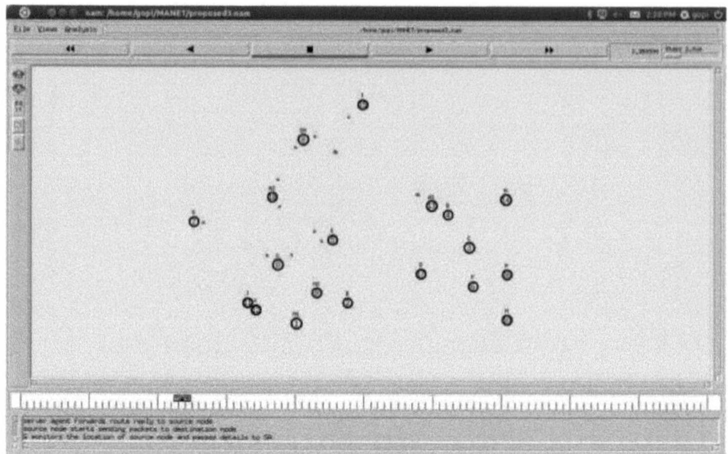

Figura 4.30: Rastreio da localização

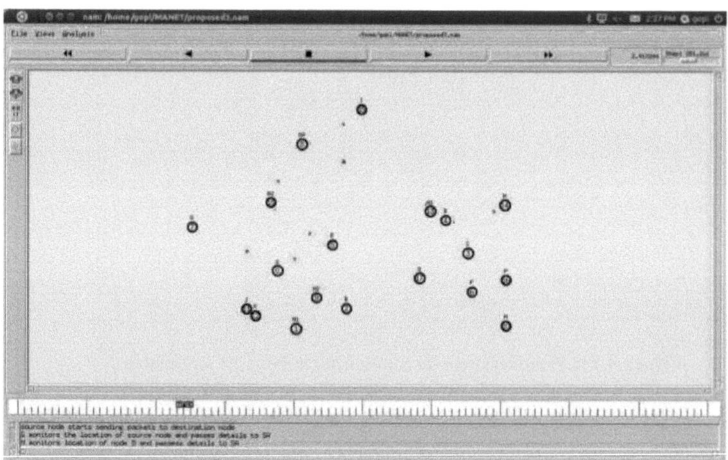

Figura 4.31: Nós que monitorizam a localização

Tabela 4.1: Comparações de perda de pacotes

Scenarios	Time (in seconds)	Packet drop (in bits)
Traditional Based Approach (HBA) 1	**6.5**	**10578**
Traditional Based Approach (HBA) 2	**6.5**	**13219**
Swarm Based Approach 1	**6.5**	**4369**
Swarm Based Approach 2	**6.5**	**319**
Swarm Based Approach 3	**6.5**	**713**

Gráfico de comparação de perda de pacotes

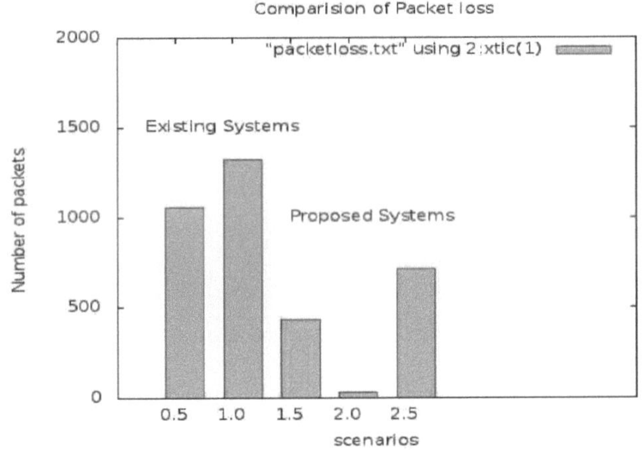

Fig 4.32: Análise comparativa da perda de pacotes

ENERGY CONSUMED IN EXISTING WORK AT EACH LEVEL IN OCEAN

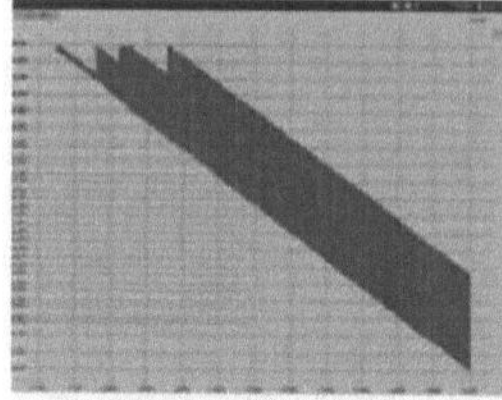

Figure1(a) Energy consumed at top level

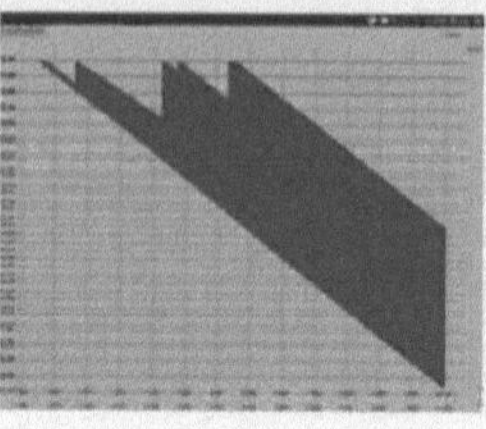

Figure1(b) Energy consumed at middle level

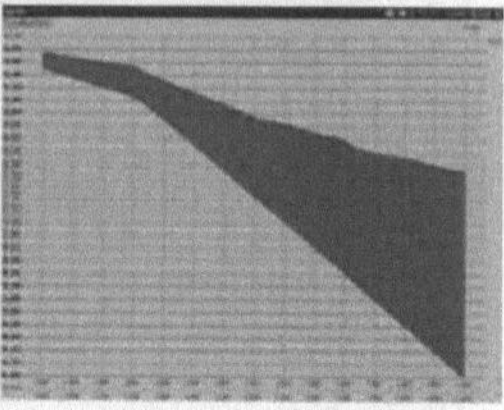

Figure1(c) Energy consumed at bottom level

As in our existing work the energy consumption level is shown through above graph which is simulated in NS2 simulator.

ENERGY CONSUMED IN PROPOSED WORK AT EACH LEVEL IN OCEAN

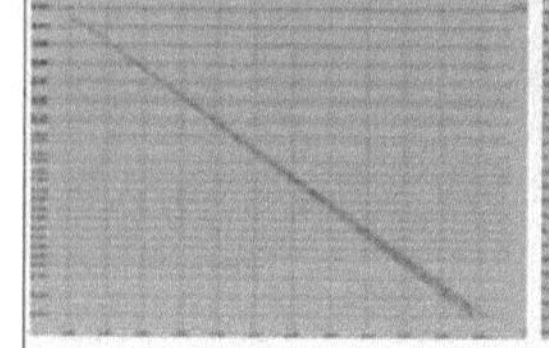

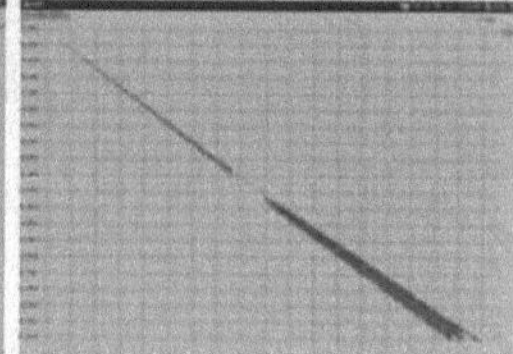

ENERGY GENERATED AT EACH LEVEL FROM TIDAL WAVES

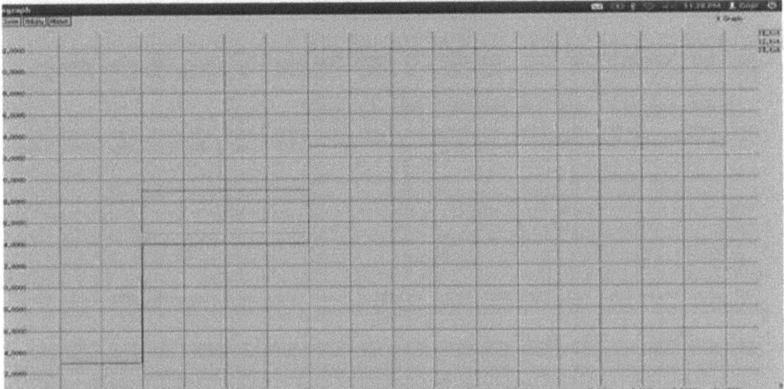

As in the above graph the energy generated is shown at each level trough the conversion of tidal energy into the electrical energy with the help of aqua transducer deployed in each sensor.

CAPÍTULO 5

CONCLUSÃO E TRABALHO FUTURO

5.   1CONCLUSÃO

Como neste trabalho, devido ao mecanismo de recolha de energia, a célula de iões de lítio funcionará durante mais tempo e a descarga completa da célula após cada iteração é insignificante durante um longo período. Assim, isto melhora o tempo de vida da rede e também proporciona fiabilidade. Em segundo lugar, devido à técnica de implantação, estamos a cobrir a profundidade máxima do oceano para recolher os dados. Uma pilha variada de protocolos e técnicas é usada para realizar a tarefa de otimização de energia em UWSNs. Mas o trabalho proposto é implementado com um conjunto único de tarefas e passos. "Existem vários parâmetros ou métricas que devem ser considerados para a integração e análise dos aspectos de segurança. O trabalho de investigação proposto tem em conta os seguintes parâmetros para o desenvolvimento, a implementação e os testes

- Analisar os algoritmos de segurança deUWSN e seus parâmetros associados.
- É necessário melhorar o atual intercâmbio de chaves para melhorar os aspectos de segurança e autenticação.
- Implementar e avaliar a segurança baseada na troca dinâmica de chaves
- Analisar a comparação e identificar a melhor técnica com base no seu desempenho de encaminhamento para que uma rede possa funcionar de forma eficiente.
- Implementar a Troca Dinâmica de Chaves para melhorar a segurança e a integridade e a respectiva otimização energética na rede
- A abordagem algorítmica e a implementação existentes podem ser melhoradas utilizando meta-heurísticas, incluindo algoritmos genéticos e otimização de colónias de formigas.

5.2ÂMBITO   DOS TRABALHOS FUTUROS

Atualmente, existem várias abordagens de computação suave que podem ser utilizadas para otimizar os resultados e a eficácia global em várias dimensões. Utilizando a computação suave ou abordagens inspiradas na natureza, é possível obter resultados globais optimizados. Além disso, as abordagens híbridas de algoritmos de computação suave podem ser utilizadas para que a otimização em várias camadas e os aspectos de segurança relacionados possam ser aumentados".

No âmbito do trabalho futuro, podem ser utilizadas as seguintes técnicas numa abordagem híbrida para obter resultados melhores e mais eficazes

- Otimização por Enxame de Partículas
- Algoritmo HoneyBee
- Recozimento Simulado
- Abordagens de Algoritmos Genéticos

REFERÊNCIAS

[1] Junfeng Xu, Keqiu Li, Geyong Min, Kai Lin e Wenyu Qu, "Energy-Efficient TreeBased Multipath Power Control for Underwater Sensor Network", IEEE Transactions On Parallel And Distributed Systems, Vol 23, No. 11, 27 de janeiro de 2012.

[2] D. Pompili e I. Akyildiz, "Overview of Networking Protocols for Underwater Wireless Communications", IEEE Communications Magazine, Vol. 49, No.1, PP 97-102, Jan, 2009.

[3] Ian F. Akyildiz, Dario Pompili, Tommaso Melodia, "State of the Art in Protocol Research for Underwater Acoustic Sensor Networks", workshop ACM sobre redes subaquáticas (WUWNet), Los Angeles, CA, 25 de setembro de 2006.

[4] Norma IEEE 802.15.4, "Wireless Medium Access Control (MAC) and Physical Layer (PHY) Specifications for Low-Rate Wireless Personal Area Networks (LR-WPANs)", 2006.

[5] Brain Otis, Jan Rabaey, "Ultra-Low Power Wireless Technologies for Sensor Networks", SPRINGER 2007.

[6] Chetan Chugh and Ramneek Singh, "A Real-Time Matlab based GUI for node placement and a shortest-path alternate route path algorithm in Wireless Sensor Networks", IJSETT, ISSNNo. (Online):2250-3641, 19 April, 2013.

[7] Sanatan Mohanty, "Energy Efficient Routing Algorithm for Wireless Sensor Networks and Performance Evaluation of Quality of Services for IEEE802.15.4 Networks", Deptt. Of ECE, NIT, Rourkela, Jan 2010.

[8] I.F. Akyildiz, W. Su, Y. Sankarasubramaniam, E. Cayirci, "Wireless Sensor Networks: A Survey", ELSEVIER, Vol 38(4), PP: 393-422, Aceite: 20 de dezembro de 2001, Publicado: 2002.

[9] C.Y. Young, S.P. Kumar e B.A. Hamilton, "Sensor Networks: Evolution, Opportunity and Challenges", Proceedings of IEEE, Vol 91(8), PP: 1247-1256, 2003.

[10]   10]Sujesha Sudevalayam e Purushottam Kulkarni, "Energy Harvesting Sensor Nodes:

Survey and Implications", IEEE communications surveys and tutorials, Vol 13, No 3, Third Quarter 2011.

[11]   W. Ye. J. Heidemann e D. Estrin, "An Energy-Efficient MAC Protocol for Wireless Sensor Networks", em INFOCOM 2002, Proc. 21st Conferência Anual Conjunta das Sociedades de Computação e Comunicação do IEEE, Vol. 3, PP. 1567-1576, 2002.

[12]   J. Polastre, J. Hill e D. Culler, "Versatile Low Power Media Access for Wireless Sensor Networks", in Proc. 2nd International Conference on Embedded Networked Sensor Systems, ACM, PP. 95-107, 4 de novembro de 2004.

[13]   M. Buettner, G. V. Yee, E. Anderson e R. Han, "X-MAC: A Short Preamble MAC

Protocol for Duty Cycled Wireless Sensor Networks", in Proc. 4th International Conference on Embedded Networked Sensor Systems, ACM, PP. 307-320, novembro de 2006.

[14] W. Heinzelman, A. Chandrakasan, e H. Balakrishnan, "Energy efficient Communication Protocol for Wireless Micro Sensor Networks", em Proc. 33rd Annual Hawaii International Conference *on System Sciences*, IEEE, vol.8, PP. 8020. Jan, 2000.

[15] C. Intanagonwiwat, R. Govindan, e D. Estrin, "Direted Diffusion: A Scalable and Robust Communication Paradigm for Sensor Network", em Proc. 6th Annual International Conference on Mobile Computing andNetworking. ACM, PP. 56-67, 2000.

[16] P. Desnoyers, D. Ganesan, H. Li, M. Li, and P. Shenoy, "PRESTO:A Predictive Storage Architecturefor Sensor Networks," in Proc. 10th Conference on Hot Topics in Operating Systems. Associação USENIX, PP. 23,2005.

[17] S. Ganeriwal, D. Ganesan, H. Shim, V. Tsiatsis, e M. B. Srivastava, "Estimating Clock Uncertainty for Efficient Duty-cycling in Sensor Networks," in Proc.3rd ACM Conference on Sensor Networking Systems, PP. 130-141, Nov. 2005.

[18] P. Dutta, M. Grimmer, A. Arora, S. Bibyk, e D. Culler, "Design of a Wireless Sensor Network Platform for Detecting Rare, Random, and Ephemeral Events," in The 4th International Conference onInformation Processing in Sensor Networks, PP. 497-502, 2005.

[19] H. Liu, A. Chandra, e J. Srivastava, "eSENSE: Energy Efficient Stochastic Sensing Framework Framework for Wireless Sensor Platforms," in Proc. 5th International Conference on Information Processing in Sensor Networks, PP. 235-242, abril de 2006.

[20] O. Gnawali, Ki. Y. Jang, J. Paek, M. Vieira, R. Govindan, B. Greenstein, A. Joki, D. Estrin, e E. Kohler, "The Tenet Architecture for TieredSensor Networks," in Proc. 4th International conference on EmbeddedNetworked Sensor Systems,ACM, PP. 153-166, novembro, 2006.

[21] P. Kulkarni, "Senseye: A Multi-tier Heterogeneous Camera Sensor Network, "Ph.DDisser. Universidade de Massachusetts, Amherst, 2007, Conselheiro-PrashantShenoy e Conselheiro-Deepak Ganesan.

[22] P. Kulkarni, D. Ganesan e P. Shenoy, "The case for Milti Tier Camera Sensor Networks", in Proc. International Workshop on Network and operating Systems support for digital audio and video, ACM, PP. 141-146, junho de 2005.

[23] X. Wang, G. Xing, Y. Zhang, C. Lu, R. Pless, e C. Gill, "Integrated Coverage and Connectivity configuration in wireless sensor networks," in Proc. 1st International Conference on EmbeddedNetworked SensorSystems. ACM, PP. 28-39, novembro de 2003.

[24] S. Kumar, T. H. Lai e J. Balogh, "On K-Coverage in a Mostly Sleeping Sensor

Networks", Wireless Networks, SPRINGER, PP. 277-294, 2008.

[25]   Kansal, J. Hsu, S. Zahedi, e M. B. Srivastava, "Power Management in Energy Harvesting Sensor Networks", Transaction in Embedded Computing Systems, ACM, Vol 6, No. 4, PP. 32, 2007.

[26]   J. A. Paradiso e M. Feldmeier, "A Compact, Wireless, Self-Powered Push Button Controller", in Proc. 3rd International Conference on Ubiquitous Computing. SPRINGERVERLAG, PP. 299-304, 2001.

[27]   N. Shenck e J. Paradiso, "Energy Scavenging with Shoe-mounted Piezoelectrics", IEEE Micro, vol. 21, no. 3, PP. 30-42, maio/junho de 2001.

[28]   J. Kymissis, C. Kendall, J. Paradiso, andN. Gershenfeld, "Parasitic Power Harvesting in Shoes", em 2nd International Symposium onWearable Computers, IEEE, PP. 132-139. outubro de 1998.

[29]   T. Stamer, "Human-powered Wearable Computing" ,IBM Systems Journal, vol. 35, no. 3-4, pp. 618-629, 1996.

[30]   X. Jiang, J. Polastre, and D. Culler, "Perpetual Environmentally Powered Sensor Networks", in 4th International Symposium on Information Processing in Sensor Networks, PP. 463-468, abril de 2005.

[31]   J. Taneja, J. Jeong, and D. Culler, "Design, Modeling, and Capacity Planning for Micro-solar Power Sensor Networks", in Proc. 7th
InternationalConference on
Processamento de Informação em Redes de Sensores, PP. 407-418, 2008.

[32]   V. Raghunathan, A. Kansal, J. Hsu, J. Friedman, and M. Srivastava, "Design Considerations for Solar Energy Harvesting Wireless Embedded Systems",Fourth International Symposium on Information Processingin Sensor Networks, PP. 457-462, abril de 2005

[33]   C. Park e P. Chou, "AmbiMax: Autonomous Energy Harvesting Platform for Multi-Supply Wireless Sensor Nodes",3rd Annual IEEECommunications Society on Sensor and Ad Hoc Communications and Networks, vol. 1, PP. 168-177, Sept. 2006.

[34]   H. Kulah e K. Najafi, "Energy Scavenging From Low-Frequency Vibrations by Using Frequency Up-Conversion for Wireless Sensor Applications",IEEE Sensors J., vol. 8, PP. 261-268, março de 2008.

[35]   M. Weimer, T. Paing e R. Zane, "Remote Area Wind Energy Harvesting for Low-power Autonomous Sensors",37th IEEE PowerElectronics Specialists Conference, PP. 15, junho de 2006.

[36]   Yen Khang Tan e Sanjib Kumar Panda, "Review of Energy Harvesting Technologies for sustainable Wireless Sensor Network", Universidade Nacional de Singapura, www.intechopen.com.

[37]   K. Ovaliadis, N. Savage e V. Kanakaris, "Energy Efficiency in Underwater Sensor Networks: a Research Review" JESTR, PP. 151-156, 20 de junho, 2010.

[38]   R. Gitzendanner, F. Pugliaa, C. Martina, D. Carmena, E. Jonesa, S. Eavesb, "High power and high energy lithium-ion batteries for under-water applications", Journal of Power Sources, vol. 136, PP. 416-418, outubro de 2004.

[39]   Yardney Technical Products Inc. (2007), "Design and Performance of Lithium ion cells for underwater energy storage and power delivery", online: http://www.yardney.com/Lithion.

[40]   Vasilescu, M. Dunbabin, P. Corke, K. Kotay e D. Rus, "Data collection, storage, and retrieval with an underwater sensor network", in Proc. ACMSensys 2005, San Diego, CA, EUA, novembro de 2005.

[41]   Vasilescu, C. Detweiler e D. Rus, "AquaNodes: An Underwater Sensor Network", ACM, em Proc. WUWNet 2007, Montreal, Canadá, 14 de setembro de 2007.

[42]   Dario Pompili, Tommaso Melodia e Ian F. Akyildiz, "Deployment Analysis in Underwater Acoustic Wireless Sensor Networks" ACM, in Proc. WUWNet 2006, Los Angles, Califórnia, EUA, 25 de setembro de 2006.

[43]   F. Akyildiz, D. Pompili, e T. Melodia, "Underwater Acoustic Sensor Networks: Research Challenges. *Ad Hoc Networks"*, *(ELSEVIER)*, 3(3):257-279, maio de 2005.

[44]   Carrick Detweiler, Marek Doniec, Luliu Vasilescu, Elizabeth Basha e Daniela Rus, "Short Paper: Autonomous Depth Adjustment for Underwater Sensor Networks", ACM, em Proc. WUWNet'10 30 de setembro a 1 de outubro de 2010.

[45]   Carrick Detweiler, Luliu Vasilescu e Daniela Rus, "An Underwater Sensor Network with Dual Communications, Sensing and Mobility", IEEE, In OCEANS 2007, Europe, PP. 1-6, 2007.

[46]   Carrick Detweiler, John Leonard, Daniela Rus e Seth Teller, "Passive mobile robot localization within a fixed beacon field", SPRINGER-VERLAG, In Proc. of the 2006 International Workshop on Algorithmic Foundations of Robotics, Nova Iorque, agosto de 2006.

[47]   David Moore, John Leonard, Daniela Rus e Seth Teller, "Robust distributed network localization with noisy range measurements", In Proc. 2nd ACMSenSys, PP. 5061, Baltimore, MD, novembro de 2004.

[48]   Michael O'Rourke, Elizabeth Basha e Carrick Detweiler, "Multi-Model Communications in Underwater Sensor Networks Using Depth Adjustment", in Proc. WUWNet'12, ACM, 5-6 de novembro de 2012, LA, Califórnia, EUA.

[49]   Hongkun Yang, FengyuanRen, Chaung Lin e Bin Liu, "Energy Efficient Cooperation in Underwater Sensor Networks" ,IEEE, junho de 2010.

[50]   U. Aickelin, P. Bentley, S. Cayzer, J. Kim e J. McLeod, Danger theory: The link between ais and ids, *In Proceedings of the ICARIS-2003*, LNCS 2728, pp. 147-155.

[51]   Tse, D., & Viswanath, P. (2005). Fundamentals of wireless communication. Cambridge University Press.

[52]   U. Aickelin, J. Greensmith e J. Twycross, Immune system approaches to intrusion detection - a review, *In Proceedings of the ICARIS-2004*, LNCS 3239, pp. 316-329.

[53]   G. Di Caro, F. Ducatelle e L.M. Gambardella, Anthocnet: An adaptive nature inspired algorithm for routing in mobile ad hoc networks, *European Transactions on Telecommunications*, 16(2): pp. 443-455, 2005.

[54]   L. N. de Castro e J. Timmis. *Artificial immune systems: a new computational intelligence approach.* Springer, 2002.

[55]   J. Greensmith, U. Aickelin, and S. Cayzer, Introducing dendritic cells as a novel immune-inspired algorithm for anomaly detection, *In Proceedings of the ICARIS-2005*, LNCS 3627, pp. 153-167, 2005.

[56]   J. Greensmith, J. Twycross e U. Aickelin, Dendritic cells for anomaly detection, *In Proceedings of the CEC*, pp. 664-671, 2006.

[57]   Yih-Chun Hu, Adrian Perrig e David B. Johnson, Ariadne: A secure on-demand routing protocol for ad hoc networks, *Wireless Networks*, 11(1-2): pp. 21-38, 2005.

[58]   David B Johnson and David A Maltz, Dynamic source routing in ad hoc wireless networks *In ImielinskiandKorth, editors, Mobile Computing*,pp. 153-181. 1996.

[59]   P. Matzinger, Tolerance, danger, and the extended family, *Annual Review of Immunology*, 12: 991-1045, 1994.

[60]   N. Mazhar e M. Farooq, Beeais: Artificial immune system security for nature inspired, manet routing protocol, beeadhoc, *In Proceedings ofICARIS-2007*, LNCS 4628, pp. 370-381, Aug, 2007.

[61]   N. Mazhar and M. Farooq, Vulnerability analysis and security framework (beesec) for nature inspired manet routing protocols, *In Proceedings of GECCO-2007*, pp. 102-109.

[62]   C. Perkins and E. Royer, Ad-hoc on-demand distance vetor routing, *In Proceedings of 2nd IEEE Workshop on Mobile Computing Systems and Applications*, Feb 1999, pp. 90-100.

[63]   Projeto Danger. Disponível em linha em: http://www.dangertheory.com.

[64]   M. Roth e S.Wicker, Termite: Ad-hoc networking with stigmergy, *In Proceedings ofIEEE GLOBE-COM*, Dec 2003.

[65]   S. Sarafijanovic and J.Y. Le Boudec, An artificial immune system approach with secondary response for misbehavior detection in mobile ad-hoc networks, *IEEE Transactions on Neural Networks*, 16(5), Sep 2005.

[66]   H.F. Wedde, M. Farooq, T. Pannenbaecker, B. Vogel, C. Mueller, J. Meth, and R. Jeruschkat, Beeadhoc: an energy efficient routing algorithm for mobile ad hoc networks inspired by bee behaviour, *In GECCO, 2005*, pp. 153-160.

[67]   H.F. Wedde, C. Timm e M. Farooq, Beehiveais: Uma estrutura de encaminhamento simples, eficiente, escalável e segura inspirada em sistemas imunitários artificiais. *Em PPSN, 2006*, pp. 623-632.

[68]   Manel Guerrero Zapata, Secure ad hoc on-demand distance vetor (saodv) routing. Internet-Draft, draft-guerrero-manetsaodv, fevereiro de 2005.

[69]   K. Seshadri Ramana, A.A. Chari, N. Kasiviswanth: A Survey on Trust Management for Mobile Ad Hoc Networks, *International Journal of Network Security & Its Applications (IJNSA)*, vol. 2, no. 2, abril, 2010.

[70]   L. Capra, Towards a Human Trust Model for Mobile Ad-hoc Networks, Dept. of Computer Science, University College London.

[71]   Z. Han, K. J. R. Liu, Y. L. Sun, W. Yu, A Trust Evaluation Framework in Distributed Networks: Vulnerability Analysis and Defence Against Attacks, *In proceeding of 25^{tth} IEEE International Conference on Computer Communications*, abril de 2006.

[72]   J. Glowacka, Procedimentos de sensibilização dos nós para a segurança em redes tácticas ad-hoc

networks, KKRRiT 2011, Poznan 2011, Telecommunication Review - Telecommunication News 2011 [CD], n.º 6, pp. 405-408 (em polaco).

[73]   Zhu Han, Yan Lindsay, K. J. Ray Liu, Wei Yu, Information Theoretic Framework of Trust Modelling and Evaluation for Ad Hoc Networks, *IEEE Journal on Selected Areas in Communications*, Vol. 24, No. 2, fevereiro de 2006.

[74]   Jien Kato, Jie Li, Ruidong Li, Future Trust Management Framework for Mobile Ad Hoc Networks, *IEEE Communications Magazine*, pp. 108-114, abril de 2008.

[75]   C. Zouridaki, B. L. Mark, M. Hejmo, R. K. Thomas, A Quantitative Trust Establishment Framework for Reliable Data Packet Delivery in MANETs, *In Proceedings of the 3rd ACM workshop on Security of ad hoc and sensor networks*, 2005, pp. 1-10.

[76]   V. Balakrishnan, V. Varadharajan, U. K. Tupakula, P. Lucs, Trust and Recommendations in Mobile Ad hoc Networks, *In proceeding of 3rd IEEE International Conference on Networking and Services*, 2007.

[77]   Junhai Luo, Xue Liu, Mingyu Fan, A trust model based on fuzzy recommendation for mobile ad-hoc networks, Computer Networks 53 (2009), pp. 2396-2407.

[78]   Shafer G. *A mathematical theory of evidence*, Princeton U.P., Princeton, NJ, 1976.

[79]   J. Konorski, R. Orlikowski, DST-Based Detection of Noncooperative Forwarding Behavior of MANET and WSN Nodes, *Proc. 2nd Joint IFIP WMNC*, Gdansk, Polónia,

2009.

[80]   F. Smarandache, J. Dezert. *Advances and Applications of DSmT for Information Fusion Vol-1*. American Research Press Rehoboth, 2004.

[81]   F. Smarandache, J. Dezert. *Advances and Applications of DSmT for Information Fusion Vol-2*. American Research Press Rehoboth, 2006.

[82]   F. Smarandache, J. Dezert. *Advances and Applications of DSmT for Information Fusion Vol-3*. American Research Press Rehoboth, 2009.

[83]   J. Glowacka, M. Amanowicz, Situational awareness of a military MANET node - the basis, *Telecommunication Review - Telecommunication New*, No. 2-3, pp. 59-62 (em polaco), 2012.

[84]   V. Karpijoki, Segurança em Redes Ad Hoc, http://www. hut.fi/~vkarpijo/netsecOO /netsecOO_manet_sec.ps

[85]   L. Zhou and Z. J. Haas, Securing Ad Hoc Networks, IEEE Net, vol. 13, no. 6, Nov./Dec. 1999.

[86]   C. E. Perkins, S. R. Das, e E. Royer, Ad-Hoc on Demand Distance Vetor (AODV), Mar. 2OOO; http://www.ietf.org/internet-drafts/draft-ietf-manetaodv-O5.txt

[87]   D. P. Agrawal e Q.-A. Zeng. *Introduction to Wireless and Mobile Systems*. Brooks/Cole Publishing, Aug. 2OO2.

[88]   J. Lundberg, Routing Security in Ad Hoc Networks, Universidade de Tecnologia de Helsínquia, http://citeseer.nj.nec. com/4OO961.html

[89]   F. Stajano e R. Anderson, The Resurrecting Ducking: Security Issues for Ad-Hoc WirelessNetworks, Security Protocols, *7thInt l. Wksp. Proc.,* LNCS, 1999.

[90]   S. Marti et al., Mitigating Routing Misbehavior in Mobile Ad Hoc Networks, *In Proc. 6th Int'l. Conf. Mobile Comp. Net,* Aug. 2OOO, pp. 255-65.

[91]   Y. Zhang and W. Lee, Intrusion Detection in Wireless Ad-Hoc networks, *In Proc. of 6th Int'l. Conf. Mobile Comp. Net, MobiCom 2000,* 2 de agosto de 2000, pp. 275-83.

[92]   P. Albers et al., Security in Ad Hoc Networks: A General Intrusion Detection Architecture Enhancing Trust Based Approaches, *1stInt'l. Wksp. WLInfo. Sys., 4th Int'l. Conf. EnterpriseInfo. Sys.*, 2OO2

[93]   L. Venkatraman and D. P. Agrawal, Strategies for Enhancing Routing Security in Protocols for Mobile Ad Hoc Networks, *J. ParallelDistrib.* Comp., 2OO2.

[94]   S. Xuand T. Saadawi, Does the IEEE 8O2.11 MAC protocol work well in multihop wireless ad hoc networks?, IEEE Commun. Mag., vol. 39, pp. 13O-137, Mar. 2OO1.

[95]   D. D. Perkins, H. D. Hughes, e C. B. Owen, Factors affecting the performance of ad hoc networks, *apresentado na IEEE Int. Conf. Communications*, NewYork, 2OO2.

[96]   E. M. Royer and C.-K. Toh, A reviewwof current routing protocols for ad hoc mobile wireless networks, *IEEE Pers. Commun.*, vol. 6, pp. 46-55, abril de 1999.

[97]   M. Mauve, J.Widmer, and H. Hartenstein, A survey on position-based routing in mobile ad hoc networks, *IEEE Network*, vol. 15, pp. 3O-39, Jan./Fev. 2OO1.

[98]   Y.-B. Ko e N. H. Vaidya, GeoTORA: A protocol for geocasting in mobile ad hoc networks, *apresentado na International Conf. Network Protocols*, Osaka, Japão, Nov. 2000.

[99]   S. R. Das, R. Castaneda, and J. Yan, Simulation-based performance evaluation of routing protocols for mobile ad hoc networks, *Mobile Networks Applicat.*, vol. 5, pp. 179-189, 2000.

[100]   J. Tian, J. Hahner, C. Becker, I. Stepanov e K. Rothermel, Graphbased mobility model for mobile ad hoc network simulation, *apresentado no 35° Simpósio Anual de Simulação*, San Diego, CA, abril de 2002.

[101]   P. Johansson, T. Larsson, N. Hedman, B. Mielczarek e M. Degermark, Scenariobased performance analysis for routing protocols for mobile ad-hoc networks, *apresentado no Annu. Int. Conf. Mobile Computing andNetworking, Seattle*, WA, agosto de 1999.

[102]   W. Su, S.-J. Lee, and M. Gerla, Mobility prediction and routing in ad hoc wireless networks, *Int. J. Network Manag.*, vol. 11,pp. 3-30, 2001.

A. Vahdat e D. Becker, Epidemic routing for partially-connected ad hoc networks, Tech. Rep. CS-200 006, Duke Univ., Durham, NC, abril de 2000.

[103]   P. Papadimitratos e Z. J. Haas, Secure routing for mobile ad hoc networks, *apresentado na Conf. de Modelação e Simulação de Redes de Comunicação e Sistemas Distribuídos da SCS*, San Antonio, TX, Jan. 2002.

[104]   Y.-C. Hu, A. Perrig, e D. B. Johnson, Ariadne: A secure on-demand routing protocol for ad hoc networks, *apresentado na sessão de trabalho Security ad hoc Networks*, Lausanne, Suíça, 2002.

[105]   Y. Zhang andW. Lee, Intrusion detection in wireless ad-hoc networks, *apresentado no Annu. Int. Conf. Mobile Computing andNetworking, Boston*, MA, agosto de 2000.

[106]   S. Marti, T. J. Giuli, K. Lai e M. Baker, Mitigating routing misbehavior in mobile ad hoc networks, *apresentado no Annu. Int. Conf. Mobile Computing and Networking*, Boston, MA, agosto de 2000.

[107]   L. E. Owen, Y. Zhang, L. Rao, e G. McHale, Traffic flow simulation using *CORSIM*, *apresentado na 2000 Winter Simulation Conf.*, Orlando, FL, Dez. 2000.

[108]   J. Broch, D. A. Maltz, D. B. Johnson, Y.-C. Hu, e J. Jetcheva, A performance comparison of multi-hop wireless ad hoc network routing protocols, *apresentado no 4.° Annu. ACM/IEEEInt. Conf. Mobile ComputingandNetworking*, Dallas, TX, 1998.

[109]   K. Petty, FSP 1.1: The Analysis Software for the FSP Project. Berkeley: Univ. California Press, 1994.

[110]   K. A. Redmill, M. P. Fitz, S. Nakabayashi, T. Ohyama, F. Ozguner, U. Ozguner, O. Takeshita, K. Tokuda e W. Zhu, An incident warning system with dual frequency communications capability, *apresentado no Simpósio de Veículos Inteligentes do IEEE*, Columbus, OH, junho de 2003.

[111]   Ebner, H. Rohling, L. Wischoff, R. Halfmann, and M. Lott, Performance of UTRA TDD ad hoc and IEEE 802.11b in vehicular environments, *apresentado na 57th IEEE Vehicular Technology Conf.*, Jeju, Coreia do Sul, abril de 2003.

[112]   J. Zhuand S. Roy, MAC for dedicated short range communications in intelligent transport system, *IEEE Commun. Mag.*, vol. 41, pp. 60-67, Jan. 2003.

[113]   F. Borgonovo, A. Capone, M. Cesana, and L. Fratta, ADHOC: A new, flexible and reliable MAC architecture for ad-hoc networks, *apresentado na Wireless Communications andNetworking* Conf., Mar. 2003.

[114]   S. V. Bana and P. Varaiya, Space division multiple access (SDMA) for robust ad hoc vehicle communication networks, *presented at the IEEE Int. Conf. Intelligent Transportation Systems*, Oakland, CA, agosto de 2001.

[115]   S. Katragadda, G. Murthy, R. Rao, M. Kumar, and R. Sachin, A decentralized location-based channel access protocol for inter-vehicle communication,.*presented at the 57th IEEE Vehicular Technology Conf.*, Jeju, South Korea, Apr. 2003.

[116]   L. Briesemeister, L. Schafers, and G. Hommel, Disseminating messages among highly mobile hosts based on inter-vehicle communication, *apresentado no IEEE Intelligent Vehicles Symp*, Dearborn, MI, Out. 2000.

[117]   B. Xu, A. Ouksel, and O.Wolfson, Opportunistic resource exchange in inter-vehicle ad-hoc networks, *apresentado na IEEE Int. Conf. Mobile Data Management*, Berkeley, CA, Jan. 2004.

[118]   L. Wischhof, A. Ebner, H. Rohling, M. Lott, and R. Halfmann, Adaptive broadcast for travel and traffic information distribution based on inter-vehicle communication, *apresentado no IEEE Intelligent Vehicles Symp.*, Columbus, OH, junho de 2003.

[119]   J. Tian, L. Han, K. Rothermel e C. Cseh, Spatially aware packet routing for mobile ad hoc inter-vehicle radio networks, *apresentado na Intelligent Transportation Systems Conf.*, Xangai, China, outubro de 2003.

[120]   Shuo Ding A survey on integrating MANETs with the Internet: Challenges and designs, *Computer Communications*, Vol. 31, Issue 14, pp 3537-3551, setembro de 2008.

[121]   Seyed Amin Hosseini Seno, Rahmat Budiarto e Tat-Chee Wanc, A routing layerbased hierarchical service advertisement and discovery for MANETs, *Ad Hoc Networks*, Vol. 9, Issue 3, pp 355-367, maio de 2011.

[122]   Paolo Bellavist, Antonio Corradi, Eugenio Magistretti, An optimistic replication middleware for read-only resources in dense MANETs, *Pervasive and Mobile*

Computing, Vol. 1, Issue 3, pp 279-310, setembro de 2005.

[123]   Praveen Joshi Security issues in routing protocols in MANETs at network layer *Procedia Computer Science*, Vol. 3, pp 954-960, 2011.

[124]   Hamed Janzadeh, Kaveh Fayazbakhsh, Mehdi Dehghan, Mehran S. Fallah, A secure credit-based cooperation stimulating mechanism for MANETs using hash chains, *Future Generation Computer Systems*, Vol.25, Issue 8, pp 926-934, September 2009.

[125]   Raja Datta, Ningrinla Marchang, Security for Mobile Ad Hoc Networks Handbook on Securing Cyber-Physical Critical Infrastructure, 2012, pp 147-190.

[126]   Rolando Menchaca-Mendez, J.J. Garcia-Luna-Acevesa, Hydra: Efficient multicast routing in MANETs using sender-initiated multicast meshes, *Pervasive and Mobile Computing*, Vol. 6, Issue 1, pp 144-157, fevereiro de 2010.

[127]   Xinyu Yang, Xiaojing Fan, Wei Yu, Xinwen Fu, Shusen Yang, HLLS: A History information based Light Location Service for MANETs, *Computer Networks*, Vol. 56, Issue 2, pp 731-744, fevereiro de 2012.

[128]   Luc Hogie, Pascal Bouvry, An Overview of MANETs Simulation *Electronic Notes in Theoretical ComputerScience*, Vol. 150, Issue 1, pp 81-101, março de 2006.

[129]   Imrich Chlamtac, Marco Conti, Jennifer J.-N. Liu, Mobile ad hoc networking: imperatives and challenges, *Ad Hoc Networks*, Vol. 1, Issue 1, pp 13-64, julho de 2003.

[130]   Dominique Dudkowski, Jorg Hahner An analytical study of the communication cost of data-centric storage in mobile ad hoc networks, *Ad Hoc Networks*, Vol.10, Issue 3, May 2012, pp356-372

[131]   De-Kai Liu, Chaiporn Jaikaeo, Chien-Chung Shen, Ren-Hung Hwang, Querying time indexed information in mobile Ad hoc networks, *Ad Hoc Networks*, Vol. 5, Issue 7, pp 1090-1112, setembro de 2007.

[132]   Abdelouahid Derhab, Nadjib Badache Balancing the tradeoffs between scalability and availability in mobile ad hoc networks with a flat hashingbased location service, *Ad Hoc Networks*, Vol. 6, Issue 7, pp 1013-1030, setembro de 2008.

[133]   Dan Pei, Lixia Zhang, Dan Massey, A Framework for Resilient Internet Routing Protocols, IEEE Network special issue on Protection, Restoration, and Disaster Recovery, abril de 2004

[134]   R. Ogier, F. Templin e M. Lewis, Topology Dissemination Based on Reverse-Path Forwarding (TBRPF), http://www.ietf.org/internet-drafts/draftietf- manet-tbrpf-10.txt, julho de 2003.

[135]   Cedric Adjih, Thomas Clausen, Philippe Jacquet, Anis Laouiti, Paul Muhlethaler, Daniele Raffo, Securing the OLSR protocol, *Proceedings ofIFIP Med-Hoc-Ned* 2003, June 25-27

[136]   D. Dhillon, T.S. Randhawa, M. Wang e L. Lamont, Implementing a Fully Distributed

Certificate Authority in an OLSR MANET, *IEEE WCNC,* 2004, Atlanta, GeorgiaUSA, pp. 21-25.

[137]   Y.-C. Hu, A. Perrig e D. Johnson, Ariadne: A Secure On-Demand Routing Protocol for Ad Hoc Networks, *MobiCom 02,* setembro de 2002.

[138]   M. Zapata, Secure Ad Hoc On Demand Distance Vetor Routing, *ACMSIGMOBILE Mobile Computing and Communications Review*, Vol. 6, Issue. 3, June 2002.

[139]   Thomas Clausen, Optimized Link State Routing Protocol, http://www.ietf.org/internet-drafts/draftietf- manet-olsr-11.txt, julho de 2003.

[140]   M. Chandra, Extensions to OSPF to Support Mobile Ad Hoc Networking, http://ietfreport.isoc.org/allids/ draft-chandra-ospf-manet-ext-02.txt

A. Shamir, How to Share a Secret, Communications of ACM 1979.

[141]   H. Luo and S. Lu, Ubiquitous and Robust Authentication Services for Ad Hoc Wireless Networks, Technical Report, UCLA Computer Science Department 2000.

[142]   J. Kong, P. Zerfos, H. Luo, S. Lu e L. Zhang, Providing Robust and Ubiquitous Security Support for Mobile Ad-Hoc Networks, *IEEE ICNP* 2001.

[143]   H. Luo, P. Zerfos, J. Kong, S. Lu e L. Zhang, Self-securing Ad Hoc Wireless Networks, *IEEE ISCC* 2002.

[144]   T. Clausen, Optimized Link State Routing Protocol, http://www.ietf.org/internet-drafts/draft-ietf-manet-olsr-11.txt, julho de 2003.

[145]   S. Marti, T. Giuli, K. Lai e M. Baker, Mitigating Routing Misbehavior in Mobile Ad Hoc Networks, *Actas da 6ª Conferência Internacional Anual sobre Computação Móvel e Redes*, agosto de 2000.

[146]   S. Yi e R. Kravets, Key Management for Heterogeneous Ad Hoc Wireless Networks, *IEEE ICNP 02*, Nov. 2002, pp. 12-15.

[147]   C. Perkins, E. Royer e S. Das, Ad Hoc On Demand Distance Vetor (AODV) Routing, http://www.ietf.org/internetdrafts/draft-ietf-manet-aodv-13.txt, fevereiro de 2003.

[148]   D. Johnson, D. Maltz e Y. Hu, Dynamic Source Routing Protocol for Mobile Ad Hoc Networks (DSR), http://www.ietf.org/internet-drafts/draft-ietf-manet-dsr-09.txt, abril de 2003.

[149]   L. Christensen e G. Hansen, OLSR Routing Protocol, http://hipercom.inria.fr/olsr/, setembro de 2003.

[150]   R. Housley, W. Ford, W. Polk e D. Solo, Internet X.509 Public Key Infrastructure Certificate and CRL Profile, http://www.faqs.org/rfcs/rfc2459.html, janeiro de 1999.

[151]   M. Myers, C. Adams, D. Solo e D. Kemp, Internet X.509 Certificate Request Message Format, http://www.faqs.org/rfcs/rfc2511.html, março de 1999.

[152]   B. Kaliski, PKCS #1: Encriptação RSA Versão 1.5, http://www.faqs.org/rfcs/rfc2313.html, março de 1998.

[153]   T. Anantvalee e J. Wu. *A survey on intrusion detection in mobile ad hoc networks.*

Wireless/Mobile Network Security, 2006.

[154]   L. Anderegg e S. Eidenbenz. Ad hoc-VCG: A truthful and cost efficient routing protocol for mobile ad hoc networks with selfish agents. *In proc, da Conferência Internacional da ACM sobre Computação Móvel e Redes (MobiCom)*, 2003.

[155]   F. Anjum e P. Mouchtaris. *Securityfor Wireless Ad Hoc Networks*. John Wiley & Sons. Inc., EUA, 2007.

[156]   S. Basagni. Distributed and mobility-adaptive clustering for multimedia support in multi-hop wireless networks. *Em proc, da Conferência Internacional de Tecnologia Veicular (VTC) do IEEE*, 1999.

[157]   S. Basagni Distributed clustering for ad hoc networks, *In proc, of the IEEE International Symposium on Parallel Architectures, Algorithms, and Networks* (ISPAN), 1999.

[158]   M. Bechler, H. Hof, D. Kraft, F. Pahlke, and L. Wolf, A clusterbased security architecture for ad hoc networks, *In proc, ofthe IEEE INFOCOM*, 2004.

[159]   P. Brutch and C. Ko, Challenges in intrusion detection for wireless adhoc networks, *In proc, of the IEEE Symposium on Applications and the Internet (SAINT) Workshop*, 2003.

[160]   S. Buchegger and J. L. Boudec, Performance analysis of the CONFIDANT protocol (cooperation of nodes - fairness in dynamic adhoc networks), *In proc, of the ACM MOBIHOC*, 2002.

[161]   K. Chen e K. Nahrstedt, iPass: An incentive compatible auction scheme to enable packet forwarding service in MANET, *In proc, of the International Conference on Distributed Computing Systems*, 2004.

[162]   B. DeCleene, L. Dondeti, S. Griffin, T. Hardjono, D. Kiwior, J. Kurose, D. Towsley, S. Vasudevan, e C. Zhang, Secure group communications for wireless networks, *In proc, ofthe IEEE Military Communications Conference (MILCOM)*, 2001.

[163]   J. Feigenbaum, C. Papadimitriou, R. Sami, and S. Shenker, A BGP based mechanism for lowest-cost routing, *In proc, of the ACM symposium on Principles of distributed computing (PODC)*, 2002.

[164]   J. Feigenbaum e S. Shenker, Distributed algorithmic mechanism design: Recent results and future diretions, *In proc, of the AMM International Workshop on Discrete Algorithms andMethodsfor Mobile Computing and Communications (DIALM)*, 2002.

[165]   N. Gura, A. Patel, A. Wander, H. Eberle, e S. C. Shantz, Comparando criptografia de curva elíptica e RSA em CPUs de 8 bits, *In proc, do Cryptographic Hardware and Embedded Systems (CHES)*, 2004.

[166]   S. Gwalani, K. Srinivasan, G. Vigna, E. M. Beding-Royer e R. Kemmerer, An intrusion detection tool for AODV-based ad hoc wireless networks, *In proc, of the IEEE*

Computer SecurityApplications Conference (CSAC), 2004.

[167]   Y. Hu, A. Perrig, e D. B. Johnson, Ariadne: A secure on-demand routing protocol for ad hoc networks, *In proc, of the ACM International Conference on Mobile Computing andNetworking (MOBICOM)*, 2002.

[168]   Y. Huang and W. Lee, A cooperative intrusion detection system for ad hoc networks, *In proc, ofthe ACM Workshop on Security of Ad Hoc and Sensor Networks*, 2003.

[169]   L. Hurwicz e S. Reiter. *Designing Economic Mechanisms*. Cambridge University Press, 1ª edição, 2008.

[170]   J.Green e J.Laffont. *Incentives in Public Decision-Making*. Springer Netherlands, EUA, 1996.

[171]   O. Kachirski and R. Guha, Efficient intrusion detection using multiple sensors in wireless ad hoc networks, *In proc, of the IEEE Hawaii International Conference on System Sciences (HICSS)*, 2003.

[172]   P. Krishna, N. H. Vaidya, M. Chatterjee, and D. K. Pradhan, A clusterbased approach for routing in dynamic networks, *In proc, of the ACM SIGCOMM Computer CommunicationReview*, 1997.

[173]   Mas-Colell, M. Whinston e J. Green. *Microeconomic Theory*. Oxford University Press, Nova Iorque, 1995.

[174]   P. Michiardi e R. Molva, Analysis of coalition formaton and cooperation strategies inmobile adhoc networks, *JournalofAd hoc Networks*, 3(2), pp. 193 -219, 2005.

[175]   Mishra, K. Nadkarni e A. Patcha, Intrusion detection in wireless ad hoc networks, *IEEE Wireless Communications*, 11(1):48 - 60, 2004.

[176]   H. Otrok, N. Mohammed, L. Wang, M. Debbabi, and P. Bhattacharya, A game-theoretic intrusion detection model for mobile ad-hoc networks, *Journal of Computer Communications*, 31(4), pp. 708 - 721, 2008.

[177]   Perrig, R. Canetti, D. Tygar e D. Song, The TESLA broadcast authentication protocol, *RSA Cryptobytes*, 5(2), pp. 2 - 13, 2002.

[178]   J. Shneidman e D. Parkes, Specification faithfulness in networks with rational nodes, *In proc, of the ACM Symposium on Principles ofDistributed Computing*, 2004.

[179]   K. Sun, P. Peng, P. Ning, and C. Wang, Secure distributed cluster formation in wireless sensor networks, *In proc, of the IEEE Computer Security Applications Conference (ACSAC)*, 2006.

[180]   S. Vasudevan, B. DeCleene, N. Immerman, J. Kurose, and D. Towsley, Leader election algorithms for wireless ad hoc networks, *In proc, of the IEEE DARPA Information Survivability Conference and Exposition (DISCEXIII)*, 2003.

[181]   S. Vasudevan, J. Kurose, and D. Towsley, Design and analysis of a leader election algorithm for mobile ad hoc networks, *In proc, of the IEEE International Conference on*

Network Protocols (ICNP), 2004.

[182]   182] Y. Zhang and W. Lee, Intrusion detection in wireless ad-hoc networks, *In proc, of the ACM International Conference on Mobile Computing and Networking (MobiCom)*, 2000.

[183] L. Jim e M. Gregory, A Review of Artificial Immune System Based Security Frameworks for MANET, *IJCNS*, vol. 09, no. 01, pp. 1-18, 2016.

[184] J. Rajeshwar e G. Narasimha, Protocolo de roteamento de caminho seguro para rede ad hoc móvel, *WirelessNetworks*, 2015.

[185] M. Anuradha e G. Anandha Mala, protocolo de deteção de congestionamento e roteamento baseado em camadas cruzadas usando lógica difusa para MANET, *Wireless Networks*, 2016.

[186] Rajeshwar e G. Narasimha, Secure way routing protocol for mobile ad hoc network, *Wireless Networks*, 2015.

APÊNDICE

CÓDIGO DE ORIGEM

```
Phy/WirelessPhy set freq_ 0.472e9
Phy/WirelessPhy set RXThresh_ 0.62861e-09; #100m radius
Phy/WirelessPhy set CSThresh_ [expr 0.9*[Phy/WirelessPhy set RXThresh_]]
Phy/WirelessPhy set bandwidth_ 6.0e6
Mac/802_11 set dataRate_ 200Mb
Mac/802_11 set basicRate_ 40Mb


set val(chan)       Channel/WirelessChannel    ;# channel type
set val(prop)       Propagation/TwoRayGround   ;# radio-propagation model
set val(netif)      Phy/WirelessPhy            ;# network interface type
set val(mac)        Mac/802_11                 ;# MAC type
set val(ifq)        Queue/DropTail/PriQueue    ;# interface queue type
set val(ll)         LL                         ;# link layer type
set val(ant)        Antenna/OmniAntenna        ;# antenna model
set val(ifqlen)     500                        ;# max packet in ifq
set val(nn)         50                         ;# number of nodes
set val(rp)         AODV                       ;# routing protocol
set val(x)          300                        ;# X dimension of topography
set val(y)          300                        ;# Y dimension of topography
set val(stop)       10                         ;# time of simulation end
set opt(energymodel)   EnergyModel   ;
set opt(initialenergy) 100           ;# Initial energy in Joules


set ns              [new Simulator]
$ns color 0 red
```

```tcl
set tracefd      [open proposedsys.tr w]
$ns trace-all $tracefd
set namtracefd      [open proposedsys.nam w]
$ns namtrace-all-wireless $namtracefd $val(x) $val(y)
set f0 [open proposedsys.tr w]
set topo      [new Topography]
$topo load_flatgrid $val(x) $val(y)
create-god $val(nn)
proc stop {} {
 global ns tracefd namtracefd
 $ns flush-trace
 close $tracefd
 close $namtracefd
 exec nam proposedsys.nam &
 exec grep "^D" proposedsys.tr > proposedsys.txt
 exit 0
}


$ns node-config   -adhocRouting $val(rp) \
                  -llType $val(ll) \
                  -macType $val(mac) \
                  -ifqType $val(ifq) \
                  -ifqLen $val(ifqlen) \
                  -antType $val(ant) \
                  -propType $val(prop) \
                  -phyType $val(netif) \
                  -channelType $val(chan) \
                  -topoInstance $topo \
                  -agentTrace ON \
                  -routerTrace ON \
```

```tcl
                    -macTrace OFF \
                    -movementTrace OFF \
                              -energyModel $opt(energymodel) \
                              -idlePower 3.0 \
                              -rxPower 1.0 \
                              -txPower 1.0 \
                              -sleepPower 0.004 \
                              -transitionPower 0.2 \
                              -transitionTime 0.5 \
                              -initialEnergy $opt(initialenergy)


set n0 [$ns node]
$n0 color "black"
$ns at 0.8 "$n0 color green"
$ns at 4.8 "$n0 color yellow"
$ns at 5.2 "$n0 color red"
$ns at 8.6 "$n0 color yellow"
$ns at 8.8 "$n0 color green"
$n0 label "S"


#set n1 [$ns node]
#$n1 color "black"
#$ns at 0.8 "$n1 color green"
#$n1 label "U"


set n2 [$ns node]
$n2 color "black"
$ns at 0.8 "$n2 color green"
$n2 label "B"
```

```
set n3 [$ns node]
$n3 color "black"
$ns at 0.8 "$n3 color green"
$ns at 4.8 "$n3 color yellow"
$ns at 5.8 "$n3 color red"
$ns at 8.6 "$n3 color yellow"
$ns at 8.8 "$n3 color green"
$n3 label "C"

set n4 [$ns node]
$n4 color "blue"
$ns at 0.0 "$n4 color blue"
$n4 label "D"

set n5 [$ns node]
$n5 color "blue"
$ns at 0.0 "$n5 color blue"
$n5 label "E"

set n6 [$ns node]
$n6 color "blue"
$ns at 0.0 "$n6 color blue"
$n6 label "F"

set n7 [$ns node]
$n7 label "Data Aggregator 3"
$n7 add-mark "m1" "green" "circle"

set n8 [$ns node]
$n8 color "black"
```

```tcl
$ns at 0.8 "$n8 color green"
$n8 label "H"

#set n9 [$ns node]
#$n9 color "black"
#$ns at 0.8 "$n9 color green"
#$n9 label "T"

set n10 [$ns node]
$n10 color "black"
$ns at 2.1 "$n10 color green"
$ns at 5.1 "$n10 color green"
$n10 label "I"

set n11 [$ns node]
$n11 color "blue"
$ns at 0.0 "$n11 color blue"
$n11 label "J"

set n12 [$ns node]
$n12 color "black"
$ns at 0.8 "$n12 color green"
$n12 label "K"

set n13 [$ns node]
$n13 label "Data Aggregator 6"
$ns at 5.0 "$n13 delete-mark m1"
$ns at 5.0 "$n13 add-mark m1 green circle"
$n13 add-mark "m1" "green" "circle"
```

```
set n14 [$ns node]
$n14 color "black"
$ns at 5.0 "$n14 delete-mark m1"
$ns at 5.0 "$n14 add-mark m1 green circle"
$n14 add-mark "m1" "green" "circle"
$n14 label "Data Aggregator 5"

set n15 [$ns node]
$n15 color "black"
$ns at 0.8 "$n15 color green"
$n15 label "O"

set n16 [$ns node]
$n16 color "blue"
$ns at 0.0 "$n16 color blue"
$ns at 5.1 "$n16 color blue"
$n16 label "P"

set n17 [$ns node]
$n17 color "black"
$ns at 0.8 "$n17 color green"
$n17 label "Q"

set n18 [$ns node]
$n18 color "black"
$ns at 5.0 "$n18 delete-mark m1"
$ns at 5.0 "$n18 add-mark m1 green circle"
$n18 add-mark "m1" "green" "circle"
$n18 label "Data Aggregator 2"
```

```
set n19 [$ns node]
$n19 label "Data Aggregator1"
$n19 add-mark "m1" "green" "circle"

set n20 [$ns node]
$n20 shape "square"
$n20 label "Satellite"
$n20 add-mark "m1" "black" "square"
#$n20 add-mark "m2" "black" "square"

set n21 [$ns node]
$n21 color "black"
$ns at 0.8 "$n21 color green"
$n21 label "T"

set n22 [$ns node]
$n22 color "black"
$ns at 2.1 "$n22 color green"
$ns at 5.1 "$n22 color green"
$n22 label "U"

set n23 [$ns node]
$n23 shape "triangle"
$n23 color "blue"
$n23 add-mark "m1" "purple" "square"
$n23 add-mark "m2" "orange" "square"
$ns at 0.0 "$n23 color blue"
$ns at 5.1 "$n23 color blue"
$n23 label "Ship (Base Station)"
```

```
set n24 [$ns node]
$n24 color "black"
$ns at 2.1 "$n24 color green"
$ns at 5.1 "$n24 color green"
$n24 label "X"


#set n26 [$ns node]
#$n26 color "black"
#$ns at 2.1 "$n26 color green"
#$ns at 5.1 "$n26 color green"
#$n26 label "Y"


set n25 [$ns node]
$n25 label "Data Aggregator4"
$n25 add-mark "m1" "green" "circle"
$ns at 5.0 "$n25 delete-mark m1"
$ns at 5.0 "$n25 add-mark m1 green circle"


set n26 [$ns node]
$n26 color "blue"
$ns at 0.0 "$n26 color blue"


set n27 [$ns node]
$n27 color "blue"
$ns at 0.0 "$n27 color blue"


set n28 [$ns node]
$n28 color "blue"
$ns at 0.0 "$n28 color blue"
```

```tcl
#set n29 [$ns node]
#$n29 color "blue"
#$ns at 0.0 "$n29 color blue"

set n30 [$ns node]
$n30 color "blue"
$ns at 0.0 "$n30 color blue"

set n31 [$ns node]
$n31 color "blue"
$ns at 0.0 "$n31 color blue"

set n32 [$ns node]
$n32 color "blue"
$ns at 0.0 "$n32 color blue"

set n33 [$ns node]
$n33 color "blue"
$ns at 0.0 "$n33 color blue"

set n34 [$ns node]
$n34 color "blue"
$ns at 0.0 "$n34 color blue"

set n35 [$ns node]
$n35 color "blue"
$ns at 0.0 "$n35 color blue"

set n36 [$ns node]
```

```
$n36 color "blue"
$ns at 0.0 "$n36 color blue"


set n37 [$ns node]
$n37 color "blue"
$ns at 0.0 "$n37 color blue"



set n38 [$ns node]
$n38 color "blue"
$ns at 0.0 "$n38 color blue"


set n39 [$ns node]
$n39 color "blue"
$ns at 0.0 "$n39 color blue"


set n40 [$ns node]
$n40 color "black"
$ns at 2.1 "$n40 color green"
$ns at 5.1 "$n40 color green"
$n40 label "Y"


set n41 [$ns node]
$n41 color "blue"
$ns at 0.0 "$n41 color blue"


set n42 [$ns node]
$n42 color "blue"
$ns at 0.0 "$n42 color blue"
```

```
$n0 set X_ -47.0
$n0 set Y_ 155.0
$n0 set Z_ 0.0

#$n1 set X_ 11.0
#$n1 set Y_ 42.0
#$n1 set Z_ 0.0

$n2 set X_ -47.0
$n2 set Y_ 80.0
$n2 set Z_ 0.0

$n3 set X_ 68.0
$n3 set Y_ 80.0
$n3 set Z_ 0.0

$n4 set X_ 137.0
$n4 set Y_ 206.0
$n4 set Z_ 0.0

$n5 set X_ 11.0
$n5 set Y_ 205.0
$n5 set Z_ 0.0

$n6 set X_ 69.0
$n6 set Y_ 205.0
$n6 set Z_ 0.0
```

$n7 set X_ 12.0

$n7 set Y_ 82.0

$n7 set Z_ 0.0

$n8 set X_ 68.2

$n8 set Y_ 159.8

$n8 set Z_ 0.0

#$n9 set X_ 67.6

#$n9 set Y_ 43.0

#$n9 set Z_ 0.0

$n10 set X_ 271.0

$n10 set Y_ 117.0

$n10 set Z_ 0.0

$n11 set X_ -46.0

$n11 set Y_ 205.0

$n11 set Z_ 0.0

$n12 set X_ -46.0

$n12 set Y_ 119.0

$n12 set Z_ 0.0

$n13 set X_ 271.0

$n13 set Y_ 165.0

$n13 set Z_ 0.0

$n14 set X_ 138.0

$n14 set Y_ 80.0
$n14 set Z_ 0.0

$n15 set X_ 69.0
$n15 set Y_ 124.0
$n15 set Z_ 0.0

$n16 set X_ 203.0
$n16 set Y_ 204.0
$n16 set Z_ 0.0

$n17 set X_ 12.0
$n17 set Y_ 123.0
$n17 set Z_ 0.0

$n18 set X_ 137.0
$n18 set Y_ 161.0
$n18 set Z_ 0.0

$n19 set X_ 13.0
$n19 set Y_ 157.0
$n19 set Z_ 0.0

$n20 set X_ -46.0
$n20 set Y_ 250.0
$n20 set Z_ 0.0

$n21 set X_ 136.0
$n21 set Y_ 120.0
$n21 set Z_ 0.0

```
$n22 set X_ 204.0
$n22 set Y_ 121.0
$n22 set Z_ 0.0


$n23 set X_ 270.0
$n23 set Y_ 205.0
$n23 set Z_ 0.0


$n24 set X_ 203.0
$n24 set Y_ 161.0
$n24 set Z_ 0.0


$n25 set X_ 271.0
$n25 set Y_ 78.0
$n25 set Z_ 0.0


$n26 set X_ 40.75
$n26 set Y_ 193.52
$n26 set Z_ 0.0


$n27 set X_ 118.00
$n27 set Y_ 197.23
$n27 set Z_ 0.0

#$n1 set X_ 11.0
#$n1 set Y_ 42.0
#$n1 set Z_ 0.0
```

$n28 set X_ 218.78
$n28 set Y_ 197.85
$n28 set Z_ 0.0

#$n29 set X_ 68.0
#$n29 set Y_ 86.0
#$n29 set Z_ 0.0

$n30 set X_ 55.4
$n30 set Y_ 196.4
$n30 set Z_ 0.0

$n31 set X_ 84.44
$n31 set Y_ 197.64
$n31 set Z_ 0.0

$n32 set X_ 189.36
$n32 set Y_ 196.382
$n32 set Z_ 0.0

$n33 set X_ 151.62
$n33 set Y_ 196.31
$n33 set Z_ 0.0

$n34 set X_ -18.31
$n34 set Y_ 194.46
$n34 set Z_ 0.0

#$n9 set X_ 67.6
#$n9 set Y_ 43.0

#$n9 set Z_ 0.0

$n35 set X_ 26.3
$n35 set Y_ 200.01
$n35 set Z_ 0.0

$n36 set X_ 102.31
$n36 set Y_ 194.44
$n36 set Z_ 0.0

$n37 set X_ 253.07
$n37 set Y_ 196.7
$n37 set Z_ 0.0

$n38 set X_ 235.64
$n38 set Y_ 192.29
$n38 set Z_ 0.0

$n39 set X_ -1.44
$n39 set Y_ 196.74
$n39 set Z_ 0.0

$n40 set X_ 203.101
$n40 set Y_ 83.03
$n40 set Z_ 0.0

$n41 set X_ 168.34
$n41 set Y_ 192.41
$n41 set Z_ 0.0

$n42 set X_ -34.34
$n42 set Y_ 195.50
$n42 set Z_ 0.0

$ns initial_node_pos $n0 10
#$ns initial_node_pos $n1 10
$ns initial_node_pos $n2 10
$ns initial_node_pos $n3 10
$ns initial_node_pos $n4 10
$ns initial_node_pos $n5 10
$ns initial_node_pos $n6 10
$ns initial_node_pos $n7 10
$ns initial_node_pos $n8 10
#$ns initial_node_pos $n9 10
$ns initial_node_pos $n10 10
$ns initial_node_pos $n11 10
$ns initial_node_pos $n12 10
$ns initial_node_pos $n13 10
$ns initial_node_pos $n14 10
$ns initial_node_pos $n15 10
$ns initial_node_pos $n16 10
$ns initial_node_pos $n17 10
$ns initial_node_pos $n18 10
$ns initial_node_pos $n19 10

```tcl
$ns initial_node_pos $n20 10
$ns initial_node_pos $n21 10
$ns initial_node_pos $n22 10
$ns initial_node_pos $n23 10
$ns initial_node_pos $n24 10
$ns initial_node_pos $n25 10
$ns initial_node_pos $n26 10
$ns initial_node_pos $n27 10
$ns initial_node_pos $n28 10
#$ns initial_node_pos $n29 10
$ns initial_node_pos $n30 10
$ns initial_node_pos $n31 10
$ns initial_node_pos $n32 10
$ns initial_node_pos $n33 10
$ns initial_node_pos $n34 10
$ns initial_node_pos $n35 10
$ns initial_node_pos $n36 10
$ns initial_node_pos $n37 10
$ns initial_node_pos $n38 10
$ns initial_node_pos $n39 10
$ns initial_node_pos $n40 10
$ns initial_node_pos $n41 10
$ns initial_node_pos $n42 10


proc record {} {
    global sink0 f0
        #Get an instance of the simulator
        set ns [Simulator instance]
        #Set the time after which the procedure should be called again
```

```tcl
set time 0.5
    #How many bytes have been received by the traffic sinks?
set bw0 [$sink0 set bytes_]
    #Get the current time
set now [$ns now]
    #Calculate the bandwidth (in MBit/s) and write it to the files
puts $f0 "$now [expr $bw0/$time*8/1000000]"
    #Reset the bytes_ values on the traffic sinks
$sink0 set bytes_ 0
    #Re-schedule the procedure
$ns at [expr $now+$time] "record"
}


set udp [new Agent/UDP]
$ns attach-agent $n19 $udp
set null0 [new Agent/Null]
$ns attach-agent $n18 $null0
$ns connect $udp $null0
set cbr0 [new Application/Traffic/CBR]
$cbr0 set packetSize_ 400
$cbr0 attach-agent $udp


set udp [new Agent/UDP]
$ns attach-agent $n18 $udp
set null0 [new Agent/Null]
$ns attach-agent $n13 $null0
$ns connect $udp $null0
set cbr1 [new Application/Traffic/CBR]
$cbr1 set packetSize_ 400
$cbr1 attach-agent $udp
```

set udp [new Agent/UDP]

$ns attach-agent $n7 $udp

set null0 [new Agent/Null]

$ns attach-agent $n14 $null0

$ns connect $udp $null0

set cbr2 [new Application/Traffic/CBR]

$cbr2 set packetSize_ 400

$cbr2 attach-agent $udp

set udp [new Agent/UDP]

$ns attach-agent $n14 $udp

set null0 [new Agent/Null]

$ns attach-agent $n25 $null0

$ns connect $udp $null0

set cbr3 [new Application/Traffic/CBR]

$cbr3 set packetSize_ 400

$cbr3 attach-agent $udp

set udp [new Agent/UDP]

$ns attach-agent $n25 $udp

set null0 [new Agent/Null]

$ns attach-agent $n13 $null0

$ns connect $udp $null0

set cbr4 [new Application/Traffic/CBR]

$cbr4 set packetSize_ 400

$cbr4 attach-agent $udp

set udp [new Agent/UDP]

$ns attach-agent $n13 $udp

```tcl
set null0 [new Agent/Null]
$ns attach-agent $n23 $null0
$ns connect $udp $null0
set cbr5 [new Application/Traffic/CBR]
$cbr5 set packetSize_ 400
$cbr5 attach-agent $udp

set udp [new Agent/UDP]
$ns attach-agent $n23 $udp
set null0 [new Agent/Null]
$ns attach-agent $n20 $null0
$ns connect $udp $null0
set cbr6 [new Application/Traffic/CBR]
$cbr6 set packetSize_ 400
$cbr6 attach-agent $udp

set udp [new Agent/UDP]
$ns attach-agent $n20 $udp
set null0 [new Agent/Null]
$ns attach-agent $n23 $null0
$ns connect $udp $null0
set cbr7 [new Application/Traffic/CBR]
$cbr7 set packetSize_ 400
$cbr7 attach-agent $udp
###
set udp [new Agent/UDP]
$ns attach-agent $n23 $udp
set null0 [new Agent/Null]
$ns attach-agent $n13 $null0
$ns connect $udp $null0
```

```
set cbr8 [new Application/Traffic/CBR]
$cbr8 set packetSize_ 400
$cbr8 attach-agent $udp


set udp [new Agent/UDP]
$ns attach-agent $n13 $udp
set null0 [new Agent/Null]
$ns attach-agent $n25 $null0
$ns connect $udp $null0
set cbr9 [new Application/Traffic/CBR]
$cbr9 set packetSize_ 400
$cbr9 attach-agent $udp


set udp [new Agent/UDP]
$ns attach-agent $n13 $udp
set null0 [new Agent/Null]
$ns attach-agent $n18 $null0
$ns connect $udp $null0
set cbr10 [new Application/Traffic/CBR]
$cbr10 set packetSize_ 400
$cbr10 attach-agent $udp


set udp [new Agent/UDP]
$ns attach-agent $n25 $udp
set null0 [new Agent/Null]
set sink0 [new Agent/LossMonitor]
$ns attach-agent $n14 $sink0
$ns attach-agent $n14 $null0
$ns connect $udp $null0
set cbr11 [new Application/Traffic/CBR]
```

```
$cbr11 set packetSize_ 400
set null0 [new Agent/Null]
$ns attach-agent $n19 $null0
$ns connect $udp $null0
set cbr12 [new Application/Traffic/CBR]
$cbr12 set packetSize_ 400
$cbr12 attach-agent $udp


set udp [new Agent/UDP]
$ns attach-agent $n14 $udp
set null0 [new Agent/Null]
set sink0 [new Agent/LossMonitor]
$ns attach-agent $n7 $sink0
$ns attach-agent $n7 $null0
$ns connect $udp $null0
set cbr13 [new Application/Traffic/CBR]
$cbr13 set packetSize_ 400
#$cbr13 set interval_ 0.009
$cbr13 attach-agent $udp



 #$ns at 0.0 "record"

#$ns at 10.0 "$ns trace-annotate \"END\""
$ns at $val(stop) "$n0 reset";
#$ns at $val(stop) "$n1 reset";
$ns at $val(stop) "$n2 reset";
$ns at $val(stop) "$n3 reset";
$ns at $val(stop) "$n4 reset";
```

```tcl
$ns at $val(stop) "$n5 reset";
$ns at $val(stop) "$n6 reset";
$ns at $val(stop) "$n7 reset";
$ns at $val(stop) "$n8 reset";
#$ns at $val(stop) "$n9 reset";
$ns at $val(stop) "$n10 reset";
$ns at $val(stop) "$n11 reset";
$ns at $val(stop) "$n12 reset";
$ns at $val(stop) "$n13 reset";
$ns at $val(stop) "$n14 reset";
$ns at $val(stop) "$n15 reset";
$ns at $val(stop) "$n16 reset";
$ns at $val(stop) "$n17 reset";
$ns at $val(stop) "$n18 reset";
$ns at $val(stop) "$n19 reset";
$ns at $val(stop) "$n20 reset";
$ns at $val(stop) "$n21 reset";
$ns at $val(stop) "$n22 reset";
$ns at $val(stop) "$n23 reset";

$ns at 5.5  "$cbr5 start"
$ns at 6.5 "$cbr5 stop"

$ns at 6.5  "$cbr6 start"
$ns at 7.5 "$cbr6 stop"

$ns at 7.6  "$cbr7 start"
$ns at 8.0 "$cbr7 stop"

$ns at 8.1  "$cbr8 start"
```

```tcl
$ns at 9.0 "$cbr8 stop"


$ns at 8.2  "$cbr9 start"
$ns at 9.0 "$cbr9 stop"


$ns at 8.21  "$cbr10 start"
$ns at 9.0 "$cbr10 stop"


$ns at 8.23  "$cbr11 start"
$ns at 9.0 "$cbr11 stop"


$ns at 8.24  "$cbr12 start"
$ns at 9.0 "$cbr12 stop"


$ns at 8.25  "$cbr13 start"
$ns at 9.0 "$cbr13 stop"




$ns at $val(stop) "$ns nam-end-wireless $val(stop)"
$ns at $val(stop) "stop"
$ns at 10.0 "puts \"end simulation\"; $ns halt"
$ns run
Phy/WirelessPhy set freq_ 0.472e9
Phy/WirelessPhy set RXThresh_ 0.62861e-09; #100m radius
Phy/WirelessPhy set CSThresh_ [expr 0.9*[Phy/WirelessPhy set RXThresh_]]
Phy/WirelessPhy set bandwidth_ 6.0e6
```

```tcl
Mac/802_11 set dataRate_ 200Mb
Mac/802_11 set basicRate_ 40Mb


set val(chan)       Channel/WirelessChannel   ;# channel type
set val(prop)       Propagation/TwoRayGround  ;# radio-propagation model
set val(netif)      Phy/WirelessPhy           ;# network interface type
set val(mac)        Mac/802_11                ;# MAC type
set val(ifq)        Queue/DropTail/PriQueue   ;# interface queue type
set val(ll)         LL                        ;# link layer type
set val(ant)        Antenna/OmniAntenna       ;# antenna model
set val(ifqlen)     500                       ;# max packet in ifq
set val(nn)         50                        ;# number of nodes
set val(rp)         AODV                      ;# routing protocol
set val(x)          300                       ;# X dimension of topography
set val(y)          300                       ;# Y dimension of topography
set val(stop)       10                        ;# time of simulation end
set opt(energymodel)    EnergyModel   ;
set opt(initialenergy) 100            ;# Initial energy in Joules


set ns          [new Simulator]
$ns color 0 red
set tracefd     [open existingsys.tr w]
$ns trace-all $tracefd
set namtracefd      [open existingsys.nam w]
$ns namtrace-all-wireless $namtracefd $val(x) $val(y)
set f0 [open existingsys.tr w]
set topo    [new Topography]
$topo load_flatgrid $val(x) $val(y)
create-god $val(nn)
proc stop {} {
```

```tcl
    global ns tracefd namtracefd
    $ns flush-trace
    close $tracefd
    close $namtracefd
    exec nam existingsys.nam &
    exec grep "^D" existingsys.tr > existingsys.txt
    exit 0
}


$ns node-config  -adhocRouting $val(rp) \
                 -llType $val(ll) \
                 -macType $val(mac) \
                 -ifqType $val(ifq) \
                 -ifqLen $val(ifqlen) \
                 -antType $val(ant) \
                 -agentTrace ON \
                 -routerTrace ON \
                 -macTrace OFF \
                 -movementTrace OFF \
                        -energyModel $opt(energymodel) \
                        -idlePower 5.0 \
                        -rxPower 1.0 \
                        -txPower 1.0 \
                        -sleepPower 0.001 \
                        -transitionPower 0.7 \
                        -transitionTime 0.005 \
                        -initialEnergy $opt(initialenergy)


set n0 [$ns node]
$n0 color "black"
```

```
$ns at 0.8 "$n0 color green"
$ns at 4.8 "$n0 color yellow"
$ns at 5.2 "$n0 color red"
$ns at 8.6 "$n0 color yellow"
$ns at 8.8 "$n0 color green"
$n0 label "S"

#set n1 [$ns node]
#$n1 color "black"
#$ns at 0.8 "$n1 color green"
#$n1 label "U"

set n2 [$ns node]
$n2 color "black"
$ns at 0.8 "$n2 color green"
$n2 label "B"

set n3 [$ns node]
$n3 color "black"
$ns at 0.8 "$n3 color green"
$ns at 4.8 "$n3 color yellow"
$ns at 5.8 "$n3 color red"
$ns at 8.6 "$n3 color yellow"
$ns at 8.8 "$n3 color green"
$n3 label "C"

set n4 [$ns node]
$n4 color "blue"
$ns at 0.0 "$n4 color blue"
$n4 label "D"
```

```
set n5 [$ns node]
$n5 color "blue"
$ns at 0.0 "$n5 color blue"
$n5 label "E"

set n6 [$ns node]
$n6 color "blue"
$ns at 0.0 "$n6 color blue"
$n6 label "F"

set n7 [$ns node]
$n7 label "Data Aggregator 3"
$n7 add-mark "m1" "green" "circle"

set n8 [$ns node]
$n8 color "black"
$ns at 0.8 "$n8 color green"
$n8 label "H"

#set n9 [$ns node]
#$n9 color "black"
#$ns at 0.8 "$n9 color green"
#$n9 label "T"

set n10 [$ns node]
$n10 color "black"
$ns at 2.1 "$n10 color green"
$ns at 5.1 "$n10 color green"
$n10 label "I"
```

```
set n11 [$ns node]
$n11 color "blue"
$ns at 0.0 "$n11 color blue"
$n11 label "J"

set n12 [$ns node]
$n12 color "black"
$ns at 0.8 "$n12 color green"
$n12 label "K"

set n13 [$ns node]
$n13 label "Data Aggregator 6"
$ns at 5.0 "$n13 delete-mark m1"
$ns at 5.0 "$n13 add-mark m1 green circle"
$n13 add-mark "m1" "green" "circle"

set n14 [$ns node]
$n14 color "black"
$ns at 5.0 "$n14 delete-mark m1"
$ns at 5.0 "$n14 add-mark m1 green circle"
$n14 add-mark "m1" "green" "circle"
$n14 label "Data Aggregator 5"

set n15 [$ns node]
$n15 color "black"
$ns at 0.8 "$n15 color green"
$n15 label "O"

set n16 [$ns node]
```

$n16 color "blue"
$ns at 0.0 "$n16 color blue"
$ns at 5.1 "$n16 color blue"
$n16 label "P"

set n17 [$ns node]
$n17 color "black"
$ns at 0.8 "$n17 color green"
$n17 label "Q"

set n18 [$ns node]
$n18 color "black"
$ns at 5.0 "$n18 delete-mark m1"
$ns at 5.0 "$n18 add-mark m1 green circle"
$n18 add-mark "m1" "green" "circle"
$n18 label "Data Aggregator 2"

set n19 [$ns node]
$n19 label "Data Aggregator1"
$n19 add-mark "m1" "green" "circle"

set n20 [$ns node]
$n20 shape "square"
$n20 label "Satellite"
$n20 add-mark "m1" "black" "square"
#$n20 add-mark "m2" "black" "square"

set n21 [$ns node]
$n21 color "black"
$ns at 0.8 "$n21 color green"

```
$n21 label "T"

set n22 [$ns node]
$n22 color "black"
$ns at 2.1 "$n22 color green"
$ns at 5.1 "$n22 color green"
$n22 label "U"

set n23 [$ns node]
$n23 shape "triangle"
$n23 color "blue"
$n23 add-mark "m1" "purple" "square"
$n23 add-mark "m2" "orange" "square"
$ns at 0.0 "$n23 color blue"
$ns at 5.1 "$n23 color blue"
$n23 label "Ship (Base Station)"

set n24 [$ns node]
$n24 color "black"
$ns at 2.1 "$n24 color green"
$ns at 5.1 "$n24 color green"
$n24 label "X"

#set n26 [$ns node]
#$n26 color "black"
#$ns at 2.1 "$n26 color green"
#$ns at 5.1 "$n26 color green"
#$n26 label "Y"

set n25 [$ns node]
```

```tcl
$n25 label "Data Aggregator4"
$n25 add-mark "m1" "green" "circle"
$ns at 5.0 "$n25 delete-mark m1"
$ns at 5.0 "$n25 add-mark m1 green circle"

set n26 [$ns node]
$n26 color "blue"
$ns at 0.0 "$n26 color blue"

set n27 [$ns node]
$n27 color "blue"
$ns at 0.0 "$n27 color blue"

set n28 [$ns node]
$n28 color "blue"
$ns at 0.0 "$n28 color blue"


#set n29 [$ns node]
#$n29 color "blue"
#$ns at 0.0 "$n29 color blue"

set n30 [$ns node]
$n30 color "blue"
$ns at 0.0 "$n30 color blue"

set n31 [$ns node]
$n31 color "blue"
$ns at 0.0 "$n31 color blue"
```

```tcl
set n32 [$ns node]
$ns at 0.0 "$n33 color blue"

set n34 [$ns node]
$n34 color "blue"
$ns at 0.0 "$n34 color blue"

set n35 [$ns node]
$n35 color "blue"
$ns at 0.0 "$n35 color blue"

set n36 [$ns node]
$n36 color "blue"
$ns at 0.0 "$n36 color blue"

set n37 [$ns node]
$n37 color "blue"
$ns at 0.0 "$n37 color blue"


set n38 [$ns node]
$n38 color "blue"
$ns at 0.0 "$n38 color blue"

set n39 [$ns node]
$n39 color "blue"
$ns at 0.0 "$n39 color blue"

set n40 [$ns node]
$n40 color "black"
```

```tcl
$ns at 2.1 "$n40 color green"
$ns at 5.1 "$n40 color green"
$n40 label "Y"


set n41 [$ns node]
$n41 color "blue"
$ns at 0.0 "$n41 color blue"

set n42 [$ns node]
$n42 color "blue"
$ns at 0.0 "$n42 color blue"


$n0 set X_ -47.0
$n0 set Y_ 155.0
$n0 set Z_ 0.0

#$n1 set X_ 11.0
$n2 set Y_ 80.0
$n2 set Z_ 0.0

$n3 set X_ 68.0
$n3 set Y_ 80.0
$n3 set Z_ 0.0

$n4 set X_ 137.0
$n4 set Y_ 206.0
$n4 set Z_ 0.0
```

$n5 set X_ 11.0
$n5 set Y_ 205.0
$n5 set Z_ 0.0

$n6 set X_ 69.0
$n6 set Y_ 205.0
$n6 set Z_ 0.0

$n7 set X_ 12.0
$n7 set Y_ 82.0
$n7 set Z_ 0.0

$n8 set X_ 68.2
$n8 set Y_ 159.8
$n8 set Z_ 0.0

#$n9 set X_ 67.6
#$n9 set Y_ 43.0
#$n9 set Z_ 0.0

$n10 set X_ 271.0
$n10 set Y_ 117.0
$n10 set Z_ 0.0

$n11 set X_ -46.0
$n11 set Y_ 205.0
$n11 set Z_ 0.0

$n12 set X_ -46.0
$n12 set Y_ 119.0

$n12 set Z_ 0.0

$n13 set X_ 271.0
$n13 set Y_ 165.0
$n13 set Z_ 0.0

$n14 set X_ 138.0
$n14 set Y_ 80.0
$n14 set Z_ 0.0

$n15 set X_ 69.0
$n15 set Y_ 124.0
$n15 set Z_ 0.0

$n16 set X_ 203.0
$n16 set Y_ 204.0
$n16 set Z_ 0.0

$n17 set X_ 12.0
$n17 set Y_ 123.0
$n17 set Z_ 0.0

$n18 set X_ 137.0
$n18 set Y_ 161.0
$n18 set Z_ 0.0

$n19 set X_ 13.0
$n19 set Y_ 157.0
$n19 set Z_ 0.0

$n20 set X_ -46.0

$n20 set Y_ 250.0

$n20 set Z_ 0.0

$n21 set X_ 136.0

$n21 set Y_ 120.0

$n21 set Z_ 0.0

$n22 set X_ 204.0

$n22 set Y_ 121.0

$n22 set Z_ 0.0

$n23 set X_ 270.0

$n23 set Y_ 205.0

$n23 set Z_ 0.0

$n24 set X_ 203.0

$n24 set Y_ 161.0

$n24 set Z_ 0.0

$n25 set X_ 271.0

$n25 set Y_ 78.0

$n25 set Z_ 0.0

$n26 set X_ 40.75

$n26 set Y_ 193.52

$n26 set Z_ 0.0

$n27 set X_ 118.00
$n27 set Y_ 197.23
$n27 set Z_ 0.0

#$n1 set X_ 11.0
#$n1 set Y_ 42.0
#$n1 set Z_ 0.0

$n28 set X_ 218.78
$n28 set Y_ 197.85
$n28 set Z_ 0.0

#$n29 set X_ 68.0
#$n29 set Y_ 86.0
#$n29 set Z_ 0.0

$n30 set X_ 55.4
$n30 set Y_ 196.4
$n30 set Z_ 0.0

$n31 set X_ 84.44
$n31 set Y_ 197.64
$n31 set Z_ 0.0

$n32 set X_ 189.36
$n32 set Y_ 196.382
$n32 set Z_ 0.0

$n33 set X_ 151.62
$n33 set Y_ 196.31

$n33 set Z_ 0.0

$n34 set X_ -18.31
$n34 set Y_ 194.46
$n34 set Z_ 0.0

#$n9 set X_ 67.6
#$n9 set Y_ 43.0
#$n9 set Z_ 0.0

$n35 set X_ 26.3
$n35 set Y_ 200.01
$n35 set Z_ 0.0

$n36 set X_ 102.31
$n36 set Y_ 194.44
$n36 set Z_ 0.0

$n37 set X_ 253.07
$n37 set Y_ 196.7
$n37 set Z_ 0.0

$n38 set X_ 235.64
$n38 set Y_ 192.29
$n38 set Z_ 0.0

$n39 set X_ -1.44
$n39 set Y_ 196.74
$n39 set Z_ 0.0

$n40 set X_ 203.101
$n40 set Y_ 83.03
$n40 set Z_ 0.0

$n41 set X_ 168.34
$n41 set Y_ 192.41
$n41 set Z_ 0.0

$n42 set X_ -34.34
$n42 set Y_ 195.50
$n42 set Z_ 0.0

$ns initial_node_pos $n0 10
#$ns initial_node_pos $n1 10
$ns initial_node_pos $n2 10
$ns initial_node_pos $n3 10
$ns initial_node_pos $n4 10
$ns initial_node_pos $n5 10
$ns initial_node_pos $n6 10
$ns initial_node_pos $n7 10
$ns initial_node_pos $n8 10
#$ns initial_node_pos $n9 10
$ns initial_node_pos $n10 10
$ns initial_node_pos $n11 10

$ns initial_node_pos $n12 10
$ns initial_node_pos $n13 10
$ns initial_node_pos $n14 10
$ns initial_node_pos $n15 10
$ns initial_node_pos $n16 10
$ns initial_node_pos $n17 10
$ns initial_node_pos $n18 10
$ns initial_node_pos $n19 10
$ns initial_node_pos $n20 10
$ns initial_node_pos $n21 10
$ns initial_node_pos $n22 10
$ns initial_node_pos $n23 10
$ns initial_node_pos $n24 10
$ns initial_node_pos $n25 10
$ns initial_node_pos $n26 10
$ns initial_node_pos $n27 10
$ns initial_node_pos $n28 10
#$ns initial_node_pos $n29 10
$ns initial_node_pos $n30 10
$ns initial_node_pos $n31 10
$ns initial_node_pos $n32 10
$ns initial_node_pos $n33 10
$ns initial_node_pos $n34 10
$ns initial_node_pos $n35 10
$ns initial_node_pos $n36 10
$ns initial_node_pos $n37 10
$ns initial_node_pos $n38 10
$ns initial_node_pos $n39 10
$ns initial_node_pos $n40 10
$ns initial_node_pos $n41 10

```tcl
$ns initial_node_pos $n42 10


proc record {} {
    global sink0 f0
        #Get an instance of the simulator
        set ns [Simulator instance]
        #Set the time after which the procedure should be called again
    set time 0.5
        #How many bytes have been received by the traffic sinks?
    set bw0 [$sink0 set bytes_]
        #Get the current time
    set now [$ns now]
        #Calculate the bandwidth (in MBit/s) and write it to the files
    puts $f0 "$now [expr $bw0/$time*8/1000000]"
        #Reset the bytes_ values on the traffic sinks
    $sink0 set bytes_ 0
        #Re-schedule the procedure
    $ns at [expr $now+$time] "record"
}


set udp [new Agent/UDP]
$ns attach-agent $n19 $udp
set null0 [new Agent/Null]
$ns attach-agent $n18 $null0
$ns connect $udp $null0
set cbr0 [new Application/Traffic/CBR]
$cbr0 set packetSize_ 160
$cbr0 attach-agent $udp
```

```
set udp [new Agent/UDP]
$ns attach-agent $n18 $udp
set null0 [new Agent/Null]
$ns attach-agent $n13 $null0
$ns connect $udp $null0
set cbr1 [new Application/Traffic/CBR]
$cbr1 set packetSize_ 160
$cbr1 attach-agent $udp

set udp [new Agent/UDP]
$ns attach-agent $n7 $udp
set null0 [new Agent/Null]
$ns attach-agent $n14 $null0
$ns connect $udp $null0
set cbr2 [new Application/Traffic/CBR]
$cbr2 set packetSize_ 160
$cbr2 attach-agent $udp

set udp [new Agent/UDP]
$ns attach-agent $n14 $udp
set null0 [new Agent/Null]
$ns attach-agent $n25 $null0
$ns connect $udp $null0
set cbr3 [new Application/Traffic/CBR]
$cbr3 set packetSize_ 160
$cbr3 attach-agent $udp

set udp [new Agent/UDP]
$ns attach-agent $n25 $udp
set null0 [new Agent/Null]
```

```
$ns attach-agent $n13 $null0
$ns connect $udp $null0
set cbr4 [new Application/Traffic/CBR]
$cbr4 set packetSize_ 160
$cbr4 attach-agent $udp

set udp [new Agent/UDP]
$ns attach-agent $n13 $udp
set null0 [new Agent/Null]
$ns attach-agent $n23 $null0
$ns connect $udp $null0
set cbr5 [new Application/Traffic/CBR]
$cbr5 set packetSize_ 160
$cbr5 attach-agent $udp

set udp [new Agent/UDP]
$ns attach-agent $n23 $udp
set null0 [new Agent/Null]
$ns attach-agent $n20 $null0
$ns connect $udp $null0
set cbr6 [new Application/Traffic/CBR]
$cbr6 set packetSize_ 160
$cbr6 attach-agent $udp

set udp [new Agent/UDP]
$ns attach-agent $n20 $udp
set null0 [new Agent/Null]
$ns attach-agent $n23 $null0
$ns connect $udp $null0
set cbr7 [new Application/Traffic/CBR]
```

```
$cbr7 set packetSize_ 160
$cbr7 attach-agent $udp
###
set udp [new Agent/UDP]
$ns attach-agent $n23 $udp
set null0 [new Agent/Null]
$ns attach-agent $n13 $null0
$ns connect $udp $null0
set cbr8 [new Application/Traffic/CBR]
$cbr8 set packetSize_ 160
$cbr8 attach-agent $udp

set udp [new Agent/UDP]
$ns attach-agent $n13 $udp
set null0 [new Agent/Null]
$ns attach-agent $n25 $null0
$ns connect $udp $null0
set cbr9 [new Application/Traffic/CBR]
$cbr9 set packetSize_ 160
$cbr9 attach-agent $udp

set udp [new Agent/UDP]
$ns attach-agent $n13 $udp
set null0 [new Agent/Null]
$ns attach-agent $n18 $null0
$ns connect $udp $null0
set cbr10 [new Application/Traffic/CBR]
$cbr10 set packetSize_ 160
$cbr10 attach-agent $udp
```

```
set udp [new Agent/UDP]
$ns attach-agent $n25 $udp
set null0 [new Agent/Null]
set sink0 [new Agent/LossMonitor]
$ns attach-agent $n14 $sink0
$ns attach-agent $n14 $null0
$ns connect $udp $null0
set cbr11 [new Application/Traffic/CBR]
$cbr11 set packetSize_ 160
#$cbr11 set interval_ 0.009
$cbr11 attach-agent $udp

set udp [new Agent/UDP]
$ns attach-agent $n18 $udp
set null0 [new Agent/Null]
$ns attach-agent $n19 $null0
$ns connect $udp $null0
set cbr12 [new Application/Traffic/CBR]
$cbr12 set packetSize_ 160
$cbr12 attach-agent $udp

set udp [new Agent/UDP]
$ns attach-agent $n14 $udp
set null0 [new Agent/Null]
set sink0 [new Agent/LossMonitor]
$ns attach-agent $n7 $sink0
$ns attach-agent $n7 $null0
$ns connect $udp $null0
set cbr13 [new Application/Traffic/CBR]
$cbr13 set packetSize_ 160
```

```tcl
#$cbr13 set interval_ 0.009
$cbr13 attach-agent $udp


 #$ns at 0.0 "record"

#$ns at 10.0 "$ns trace-annotate \"END\""
$ns at $val(stop) "$n0 reset";
#$ns at $val(stop) "$n1 reset";
$ns at $val(stop) "$n2 reset";
$ns at $val(stop) "$n3 reset";
$ns at $val(stop) "$n4 reset";
$ns at $val(stop) "$n5 reset";
$ns at $val(stop) "$n6 reset";
$ns at $val(stop) "$n7 reset";
$ns at $val(stop) "$n8 reset";
#$ns at $val(stop) "$n9 reset";
$ns at $val(stop) "$n10 reset";
$ns at $val(stop) "$n11 reset";
$ns at $val(stop) "$n12 reset";
$ns at $val(stop) "$n13 reset";
$ns at $val(stop) "$n14 reset";
$ns at $val(stop) "$n15 reset";
$ns at $val(stop) "$n16 reset";
$ns at $val(stop) "$n17 reset";
$ns at $val(stop) "$n18 reset";
$ns at $val(stop) "$n19 reset";
$ns at $val(stop) "$n20 reset";
$ns at $val(stop) "$n21 reset";
```

```tcl
$ns at $val(stop) "$n22 reset";
$ns at $val(stop) "$n23 reset";
$ns at $val(stop) "$n24 reset";
$ns at $val(stop) "$n25 reset";
$ns at $val(stop) "$n26 reset";


$ns at 4.8 "$ns trace-annotate \"11 bytes payload and 16 bytes is send....\""


$ns at 4.8 "$ns trace-annotate \"Node C and Node S battery level decreases low....\""


$ns at 5.6 "$ns trace-annotate \"Node C and Node S battery reaches critical....\""


$ns at 8.06 "$ns trace-annotate \"Signal received from base station to recharge....\""


$ns at 8.6 "$ns trace-annotate \"Node C and S started recharging....\""



$ns at 0.3  "$cbr0 start"
$ns at 3.5 "$cbr0 stop"


$ns at 3.5  "$cbr1 start"
$ns at 5.5 "$cbr1 stop"


$ns at 0.3  "$cbr2 start"
$ns at 3.5 "$cbr2 stop"


$ns at 3.5  "$cbr3 start"
$ns at 5.5 "$cbr3 stop"


$ns at 5.5  "$cbr4 start"
```

$ns at 6.5 "$cbr4 stop"

$ns at 5.5 "$cbr5 start"
$ns at 6.5 "$cbr5 stop"

$ns at 6.5 "$cbr6 start"
$ns at 7.5 "$cbr6 stop"

$ns at 7.6 "$cbr7 start"
$ns at 8.0 "$cbr7 stop"

$ns at 8.1 "$cbr8 start"
$ns at 9.0 "$cbr8 stop"

$ns at 8.2 "$cbr9 start"
$ns at 9.0 "$cbr9 stop"

$ns at 8.21 "$cbr10 start"
$ns at 9.0 "$cbr10 stop"

$ns at 8.23 "$cbr11 start"
$ns at 9.0 "$cbr11 stop"

$ns at 8.24 "$cbr12 start"
$ns at 9.0 "$cbr12 stop"

$ns at 8.25 "$cbr13 start"
$ns at 9.0 "$cbr13 stop"

```tcl
$ns at $val(stop) "$ns nam-end-wireless $val(stop)"
$ns at $val(stop) "stop"
$ns at 10.0 "puts \"end simulation\"; $ns halt"
$ns run
Phy/WirelessPhy set freq_ 0.472e9
Phy/WirelessPhy set RXThresh_ 0.62861e-09; #100m radius
Phy/WirelessPhy set CSThresh_ [expr 0.9*[Phy/WirelessPhy set RXThresh_]]
Phy/WirelessPhy set bandwidth_ 6.0e6
Mac/802_11 set dataRate_ 200Mb
Mac/802_11 set basicRate_ 40Mb


set val(chan)        Channel/WirelessChannel    ;# channel type
set val(prop)        Propagation/TwoRayGround   ;# radio-propagation model
set val(netif)       Phy/WirelessPhy            ;# network interface type
set val(mac)         Mac/802_11                 ;# MAC type
set val(ifq)         Queue/DropTail/PriQueue    ;# interface queue type
set val(ll)          LL                         ;# link layer type
set val(ant)         Antenna/OmniAntenna        ;# antenna model
set val(ifqlen)      500                        ;# max packet in ifq
set val(nn)          50                         ;# number of nodes
set val(rp)          AODV                       ;# routing protocol
set val(x)           300                        ;# X dimension of topography
set val(y)           300                        ;# Y dimension of topography
set val(stop)        10                         ;# time of simulation end
set opt(energymodel) EnergyModel    ;
set opt(initialenergy) 100          ;# Initial energy in Joules
```

```tcl
set ns              [new Simulator]
$ns color 0 red
set tracefd      [open proposedsys.tr w]
$ns trace-all $tracefd
set namtracefd     [open proposedsys.nam w]
$ns namtrace-all-wireless $namtracefd $val(x) $val(y)
set f0 [open proposedsys.tr w]
set topo      [new Topography]
$topo load_flatgrid $val(x) $val(y)
create-god $val(nn)
proc stop {} {
 global ns tracefd namtracefd
 $ns flush-trace
 close $tracefd
 close $namtracefd
 exec nam proposedsys.nam &
 exec grep "^D" proposedsys.tr > proposedsys.txt
 exit 0
}


$ns node-config   -adhocRouting $val(rp) \
                  -llType $val(ll) \
                  -macType $val(mac) \
                  -ifqType $val(ifq) \
                  -ifqLen $val(ifqlen) \
                  -antType $val(ant) \
                  -propType $val(prop) \
                  -phyType $val(netif) \
                  -channelType $val(chan) \
```

```tcl
                    -topoInstance $topo \
                    -agentTrace ON \
                    -routerTrace ON \
                    -macTrace OFF \
                    -movementTrace OFF \
                            -energyModel $opt(energymodel) \
                            -idlePower 3.0 \
                            -rxPower 1.0 \
                            -txPower 1.0 \
                            -sleepPower 0.004 \
                            -transitionPower 0.2 \
                            -transitionTime 0.5 \
                            -initialEnergy $opt(initialenergy)


set n0 [$ns node]
$n0 color "black"
$ns at 0.8 "$n0 color green"
$ns at 4.8 "$n0 color yellow"
$ns at 5.2 "$n0 color red"
$ns at 8.6 "$n0 color yellow"
$ns at 8.8 "$n0 color green"
$n0 label "S"

#set n1 [$ns node]
#$n1 color "black"
#$ns at 0.8 "$n1 color green"
#$n1 label "U"

set n2 [$ns node]
$n2 color "black"
```

```
$ns at 0.8 "$n2 color green"
$n2 label "B"

set n3 [$ns node]
$n3 color "black"
$ns at 0.8 "$n3 color green"
$ns at 4.8 "$n3 color yellow"
$ns at 5.8 "$n3 color red"
$ns at 8.6 "$n3 color yellow"
$ns at 8.8 "$n3 color green"
$n3 label "C"

set n4 [$ns node]
$n4 color "blue"
$ns at 0.0 "$n4 color blue"
$n4 label "D"

set n5 [$ns node]
$n5 color "blue"
$ns at 0.0 "$n5 color blue"
$n5 label "E"

set n6 [$ns node]
$n6 color "blue"
$ns at 0.0 "$n6 color blue"
$n6 label "F"

set n7 [$ns node]
$n7 color "black"
$ns at 0.8 "$n7 color green"
```

```
$n7 label "G"

set n8 [$ns node]
$n8 color "black"
$ns at 0.8 "$n8 color green"
$n8 label "H"

#set n9 [$ns node]
#$n9 color "black"
#$ns at 0.8 "$n9 color green"
#$n9 label "T"

set n10 [$ns node]
$n10 label "Data Aggregator3"
$n10 add-mark "m1" "green" "circle"
$ns at 5.0 "$n10 delete-mark m1"
$ns at 5.0 "$n10 add-mark m1 green circle"

set n11 [$ns node]
$n11 color "blue"
$ns at 0.0 "$n11 color blue"
$n11 label "J"

set n12 [$ns node]
$n12 color "black"
$ns at 0.8 "$n12 color green"
$n12 label "K"

set n13 [$ns node]
$n13 label "Data Aggregator2"
```

```
$ns at 5.0 "$n13 delete-mark m1"
$ns at 5.0 "$n13 add-mark m1 green circle"
$n13 add-mark "m1" "green" "circle"

set n14 [$ns node]
$n14 color "black"
#$ns at 5.0 "$n14 delete-mark m1"
#$ns at 5.0 "$n14 add-mark m1 green circle"
#$n14 add-mark "m1" "green" "circle"
$ns at 0.8 "$n14 color green"
$n14 label "L"

set n15 [$ns node]
$n15 color "black"
$ns at 0.8 "$n15 color green"
$n15 label "O"

set n16 [$ns node]
$n16 color "blue"
$ns at 0.0 "$n16 color blue"
$ns at 5.1 "$n16 color blue"
$n16 label "P"

set n17 [$ns node]
$n17 color "black"
$ns at 0.8 "$n17 color green"
$n17 label "Q"

set n18 [$ns node]
$n18 color "black"
```

```tcl
$ns at 0.8 "$n18 color green"
$n18 label "P"

set n19 [$ns node]
$n19 color "black"
$ns at 0.8 "$n19 color green"
$n19 label "Q"

set n20 [$ns node]
$n20 shape "square"
$n20 label "Satellite"
$n20 add-mark "m1" "black" "square"
#$n20 add-mark "m2" "black" "square"

set n21 [$ns node]
$n21 color "black"
$ns at 0.8 "$n21 color green"
$n21 label "T"

set n22 [$ns node]
$n22 color "black"
$ns at 2.1 "$n22 color green"
$ns at 5.1 "$n22 color green"
$n22 label "U"

set n23 [$ns node]
$n23 shape "triangle"
$n23 color "blue"
$n23 add-mark "m1" "purple" "square"
$n23 add-mark "m2" "orange" "square"
```

$ns at 0.0 "$n23 color blue"
$ns at 5.1 "$n23 color blue"
$n23 label "Ship (Base Station)"

set n24 [$ns node]
$n24 color "black"
$ns at 2.1 "$n24 color green"
$ns at 5.1 "$n24 color green"
$n24 label "X"

#set n26 [$ns node]
#$n26 color "black"
#$ns at 2.1 "$n26 color green"
#$ns at 5.1 "$n26 color green"
#$n26 label "Y"

set n25 [$ns node]
$n25 label "Data Aggregator1"
$n25 add-mark "m1" "green" "circle"
$ns at 5.0 "$n25 delete-mark m1"
$ns at 5.0 "$n25 add-mark m1 green circle"

set n26 [$ns node]
$n26 color "blue"
$ns at 0.0 "$n26 color blue"

set n27 [$ns node]
$n27 color "blue"
$ns at 0.0 "$n27 color blue"

```tcl
set n28 [$ns node]
$n28 color "blue"
$ns at 0.0 "$n28 color blue"


#set n29 [$ns node]
#$n29 color "blue"
#$ns at 0.0 "$n29 color blue"

set n30 [$ns node]
$n30 color "blue"
$ns at 0.0 "$n30 color blue"

set n31 [$ns node]
$n31 color "blue"
$ns at 0.0 "$n31 color blue"

set n32 [$ns node]
$n32 color "blue"
$ns at 0.0 "$n32 color blue"

set n33 [$ns node]
$n33 color "blue"
$ns at 0.0 "$n33 color blue"

set n34 [$ns node]
$n34 color "blue"
$ns at 0.0 "$n34 color blue"

set n35 [$ns node]
```

```
$n35 color "blue"
$ns at 0.0 "$n35 color blue"

set n36 [$ns node]
$n36 color "blue"
$ns at 0.0 "$n36 color blue"

set n37 [$ns node]
$n37 color "blue"
$ns at 0.0 "$n37 color blue"


set n38 [$ns node]
$n38 color "blue"
$ns at 0.0 "$n38 color blue"

set n39 [$ns node]
$n39 color "blue"
$ns at 0.0 "$n39 color blue"

set n40 [$ns node]
$n40 color "black"
$ns at 2.1 "$n40 color green"
$ns at 5.1 "$n40 color green"
$n40 label "Y"


set n41 [$ns node]
$n41 color "blue"
$ns at 0.0 "$n41 color blue"
```

```
set n42 [$ns node]
$n42 color "blue"
$ns at 0.0 "$n42 color blue"


$n0 set X_ -47.0
$n0 set Y_ 155.0
$n0 set Z_ 0.0

#$n1 set X_ 11.0
#$n1 set Y_ 42.0
#$n1 set Z_ 0.0

$n2 set X_ -47.0
$n2 set Y_ 80.0
$n2 set Z_ 0.0

$n3 set X_ 68.0
$n3 set Y_ 80.0
$n3 set Z_ 0.0

$n4 set X_ 137.0
$n4 set Y_ 206.0
$n4 set Z_ 0.0

$n5 set X_ 11.0
$n5 set Y_ 205.0
$n5 set Z_ 0.0
```

$n6 set X_ 69.0
$n6 set Y_ 205.0
$n6 set Z_ 0.0

$n7 set X_ 12.0
$n7 set Y_ 82.0
$n7 set Z_ 0.0

$n8 set X_ 68.2
$n8 set Y_ 159.8
$n8 set Z_ 0.0

#$n9 set X_ 67.6
#$n9 set Y_ 43.0
#$n9 set Z_ 0.0

$n10 set X_ 271.0
$n10 set Y_ 117.0
$n10 set Z_ 0.0

$n11 set X_ -46.0
$n11 set Y_ 205.0
$n11 set Z_ 0.0

$n12 set X_ -46.0
$n12 set Y_ 119.0
$n12 set Z_ 0.0

$n13 set X_ 271.0
$n13 set Y_ 165.0

$n13 set Z_ 0.0

$n14 set X_ 138.0
$n14 set Y_ 80.0
$n14 set Z_ 0.0

$n15 set X_ 69.0
$n15 set Y_ 124.0
$n15 set Z_ 0.0

$n16 set X_ 203.0
$n16 set Y_ 204.0
$n16 set Z_ 0.0

$n17 set X_ 12.0
$n17 set Y_ 123.0
$n17 set Z_ 0.0

$n18 set X_ 137.0
$n18 set Y_ 161.0
$n18 set Z_ 0.0

$n19 set X_ 13.0
$n19 set Y_ 157.0
$n19 set Z_ 0.0

$n20 set X_ -46.0
$n20 set Y_ 250.0
$n20 set Z_ 0.0

$n21 set X_ 136.0

$n21 set Y_ 120.0

$n21 set Z_ 0.0

$n22 set X_ 204.0

$n22 set Y_ 121.0

$n22 set Z_ 0.0

$n23 set X_ 270.0

$n23 set Y_ 205.0

$n23 set Z_ 0.0

$n24 set X_ 203.0

$n24 set Y_ 161.0

$n24 set Z_ 0.0

$n25 set X_ 271.0

$n25 set Y_ 78.0

$n25 set Z_ 0.0

$n26 set X_ 40.75

$n26 set Y_ 193.52

$n26 set Z_ 0.0

$n27 set X_ 118.00

$n27 set Y_ 197.23

$n27 set Z_ 0.0

#$n1 set X_ 11.0
#$n1 set Y_ 42.0
#$n1 set Z_ 0.0

$n28 set X_ 218.78
$n28 set Y_ 197.85
$n28 set Z_ 0.0

#$n29 set X_ 68.0
#$n29 set Y_ 86.0
#$n29 set Z_ 0.0

$n30 set X_ 55.4
$n30 set Y_ 196.4
$n30 set Z_ 0.0

$n31 set X_ 84.44
$n31 set Y_ 197.64
$n31 set Z_ 0.0

$n32 set X_ 189.36
$n32 set Y_ 196.382
$n32 set Z_ 0.0

$n33 set X_ 151.62
$n33 set Y_ 196.31
$n33 set Z_ 0.0

$n34 set X_ -18.31
$n34 set Y_ 194.46

```
$n34 set Z_ 0.0

#$n9 set X_ 67.6
#$n9 set Y_ 43.0
#$n9 set Z_ 0.0

$n35 set X_ 26.3
$n35 set Y_ 200.01
$n35 set Z_ 0.0

$n36 set X_ 102.31
$n36 set Y_ 194.44
$n36 set Z_ 0.0

$n37 set X_ 253.07
$n37 set Y_ 196.7
$n37 set Z_ 0.0

$n38 set X_ 235.64
$n38 set Y_ 192.29
$n38 set Z_ 0.0

$n39 set X_ -1.44
$n39 set Y_ 196.74
$n39 set Z_ 0.0

$n40 set X_ 203.101
$n40 set Y_ 83.03
$n40 set Z_ 0.0
```

```
$n41 set X_ 168.34
$n41 set Y_ 192.41
$n41 set Z_ 0.0

$n42 set X_ -34.34
$n42 set Y_ 195.50
$n42 set Z_ 0.0
```

```
$ns initial_node_pos $n0 10
#$ns initial_node_pos $n1 10
$ns initial_node_pos $n2 10
$ns initial_node_pos $n3 10
$ns initial_node_pos $n4 10
$ns initial_node_pos $n5 10
$ns initial_node_pos $n6 10
$ns initial_node_pos $n7 10
$ns initial_node_pos $n8 10
#$ns initial_node_pos $n9 10
$ns initial_node_pos $n10 10
$ns initial_node_pos $n11 10
$ns initial_node_pos $n12 10
$ns initial_node_pos $n13 10
$ns initial_node_pos $n14 10
$ns initial_node_pos $n15 10
```

```tcl
$ns initial_node_pos $n16 10
$ns initial_node_pos $n17 10
$ns initial_node_pos $n18 10
$ns initial_node_pos $n19 10
$ns initial_node_pos $n20 10
$ns initial_node_pos $n21 10
$ns initial_node_pos $n22 10
$ns initial_node_pos $n23 10
$ns initial_node_pos $n24 10
$ns initial_node_pos $n25 10
$ns initial_node_pos $n26 10
$ns initial_node_pos $n27 10
$ns initial_node_pos $n28 10
#$ns initial_node_pos $n29 10
$ns initial_node_pos $n30 10
$ns initial_node_pos $n31 10
$ns initial_node_pos $n32 10
$ns initial_node_pos $n33 10
$ns initial_node_pos $n34 10
$ns initial_node_pos $n35 10
$ns initial_node_pos $n36 10
$ns initial_node_pos $n37 10
$ns initial_node_pos $n38 10
$ns initial_node_pos $n39 10
$ns initial_node_pos $n40 10
$ns initial_node_pos $n41 10
$ns initial_node_pos $n42 10


proc record {} {
```

```
global sink0 f0
    #Get an instance of the simulator
    set ns [Simulator instance]
    #Set the time after which the procedure should be called again
set time 0.5
    #How many bytes have been received by the traffic sinks?
set bw0 [$sink0 set bytes_]
    #Get the current time
set now [$ns now]
    #Calculate the bandwidth (in MBit/s) and write it to the files
puts $f0 "$now [expr $bw0/$time*8/1000000]"
    #Reset the bytes_ values on the traffic sinks
$sink0 set bytes_ 0
    #Re-schedule the procedure
$ns at [expr $now+$time] "record"
}


set udp [new Agent/UDP]
$ns attach-agent $n19 $udp
set null0 [new Agent/Null]
$ns attach-agent $n18 $null0
$ns connect $udp $null0
set cbr0 [new Application/Traffic/CBR]
$cbr0 set packetSize_ 400
$cbr0 attach-agent $udp


set udp [new Agent/UDP]
$ns attach-agent $n18 $udp
set null0 [new Agent/Null]
$ns attach-agent $n13 $null0
```

```tcl
$ns connect $udp $null0
set cbr1 [new Application/Traffic/CBR]
$cbr1 set packetSize_ 400
$cbr1 attach-agent $udp


set udp [new Agent/UDP]
$ns attach-agent $n7 $udp
set null0 [new Agent/Null]
$ns attach-agent $n14 $null0
$ns connect $udp $null0
set cbr2 [new Application/Traffic/CBR]
$cbr2 set packetSize_ 400
$cbr2 attach-agent $udp


set udp [new Agent/UDP]
$ns attach-agent $n14 $udp
set null0 [new Agent/Null]
$ns attach-agent $n25 $null0
$ns connect $udp $null0
set cbr3 [new Application/Traffic/CBR]
$cbr3 set packetSize_ 400
$cbr3 attach-agent $udp


set udp [new Agent/UDP]
$ns attach-agent $n25 $udp
set null0 [new Agent/Null]
$ns attach-agent $n13 $null0
$ns connect $udp $null0
set cbr4 [new Application/Traffic/CBR]
$cbr4 set packetSize_ 400
```

```tcl
$cbr4 attach-agent $udp


set udp [new Agent/UDP]
$ns attach-agent $n13 $udp
set null0 [new Agent/Null]
$ns attach-agent $n23 $null0
$ns connect $udp $null0
set cbr5 [new Application/Traffic/CBR]
$cbr5 set packetSize_ 400
$cbr5 attach-agent $udp


set udp [new Agent/UDP]
$ns attach-agent $n23 $udp
set null0 [new Agent/Null]
$ns attach-agent $n20 $null0
$ns connect $udp $null0
set cbr6 [new Application/Traffic/CBR]
$cbr6 set packetSize_ 400
$cbr6 attach-agent $udp


set udp [new Agent/UDP]
$ns attach-agent $n20 $udp
set null0 [new Agent/Null]
$ns attach-agent $n23 $null0
$ns connect $udp $null0
set cbr7 [new Application/Traffic/CBR]
$cbr7 set packetSize_ 400
$cbr7 attach-agent $udp
###
set udp [new Agent/UDP]
```

```tcl
$ns attach-agent $n23 $udp
set null0 [new Agent/Null]
$ns attach-agent $n13 $null0
$ns connect $udp $null0
set cbr8 [new Application/Traffic/CBR]
$cbr8 set packetSize_ 400
$cbr8 attach-agent $udp

set udp [new Agent/UDP]
$ns attach-agent $n13 $udp
set null0 [new Agent/Null]
$ns attach-agent $n25 $null0
$ns connect $udp $null0
set cbr9 [new Application/Traffic/CBR]
$cbr9 set packetSize_ 400
$cbr9 attach-agent $udp

set udp [new Agent/UDP]
$ns attach-agent $n13 $udp
set null0 [new Agent/Null]
$ns attach-agent $n18 $null0
$ns connect $udp $null0
set cbr10 [new Application/Traffic/CBR]
$cbr10 set packetSize_ 400
$cbr10 attach-agent $udp

set udp [new Agent/UDP]
$ns attach-agent $n25 $udp
set null0 [new Agent/Null]
set sink0 [new Agent/LossMonitor]
```

```
$ns attach-agent $n14 $sink0
$ns attach-agent $n14 $null0
$ns connect $udp $null0
set cbr11 [new Application/Traffic/CBR]
$cbr11 set packetSize_ 400
#$cbr11 set interval_ 0.009
$cbr11 attach-agent $udp

set udp [new Agent/UDP]
$ns attach-agent $n18 $udp
set null0 [new Agent/Null]
$ns attach-agent $n19 $null0
$ns connect $udp $null0
set cbr12 [new Application/Traffic/CBR]
$cbr12 set packetSize_ 400
$cbr12 attach-agent $udp

set udp [new Agent/UDP]
$ns attach-agent $n14 $udp
set null0 [new Agent/Null]
set sink0 [new Agent/LossMonitor]
$ns attach-agent $n7 $sink0
$ns attach-agent $n7 $null0
$ns connect $udp $null0
set cbr13 [new Application/Traffic/CBR]
$cbr13 set packetSize_ 400
#$cbr13 set interval_ 0.009
$cbr13 attach-agent $udp
```

```tcl
#$ns at 0.0 "record"

#$ns at 10.0 "$ns trace-annotate \"END\""
$ns at $val(stop) "$n0 reset";
#$ns at $val(stop) "$n1 reset";
$ns at $val(stop) "$n2 reset";
$ns at $val(stop) "$n3 reset";
$ns at $val(stop) "$n4 reset";
$ns at $val(stop) "$n5 reset";
$ns at $val(stop) "$n6 reset";
$ns at $val(stop) "$n7 reset";
$ns at $val(stop) "$n8 reset";
#$ns at $val(stop) "$n9 reset";
$ns at $val(stop) "$n10 reset";
$ns at $val(stop) "$n11 reset";
$ns at $val(stop) "$n12 reset";
$ns at $val(stop) "$n13 reset";
$ns at $val(stop) "$n14 reset";
$ns at $val(stop) "$n15 reset";
$ns at $val(stop) "$n16 reset";
$ns at $val(stop) "$n17 reset";
$ns at $val(stop) "$n18 reset";
$ns at $val(stop) "$n19 reset";
$ns at $val(stop) "$n20 reset";
$ns at $val(stop) "$n21 reset";
$ns at $val(stop) "$n22 reset";
$ns at $val(stop) "$n23 reset";
$ns at $val(stop) "$n24 reset";
$ns at $val(stop) "$n25 reset";
```

$ns at $val(stop) "$n26 reset";

$ns at 4.5 "$ns trace-annotate \"we used 4sec TDMA slot....\""

$ns at 4.6 "$ns trace-annotate \"20 bytes of packet acc to this payload and throughput will be set....\""

$ns at 4.7 "$ns trace-annotate \"shortest path will be followed ....\""

$ns at 4.8 "$ns trace-annotate \"Node C and Node S battery level decreases low....\""

$ns at 5.6 "$ns trace-annotate \"Node C and Node S battery reaches critical....\""

$ns at 8.06 "$ns trace-annotate \"Signal received from base station to recharge....\""

$ns at 8.6 "$ns trace-annotate \"Node C and S started recharging....\""

$ns at 0.3 "$cbr0 start"
$ns at 3.5 "$cbr0 stop"

$ns at 3.5 "$cbr1 start"
$ns at 5.5 "$cbr1 stop"

$ns at 0.3 "$cbr2 start"
$ns at 3.5 "$cbr2 stop"

$ns at 3.5 "$cbr3 start"
$ns at 5.5 "$cbr3 stop"

$ns at 5.5 "$cbr4 start"
$ns at 6.5 "$cbr4 stop"

$ns at 5.5 "$cbr5 start"
$ns at 6.5 "$cbr5 stop"

$ns at 6.5 "$cbr6 start"
$ns at 7.5 "$cbr6 stop"

$ns at 7.6 "$cbr7 start"
$ns at 8.0 "$cbr7 stop"

$ns at 8.1 "$cbr8 start"
$ns at 9.0 "$cbr8 stop"

$ns at 8.2 "$cbr9 start"
$ns at 9.0 "$cbr9 stop"

$ns at 8.21 "$cbr10 start"
$ns at 9.0 "$cbr10 stop"

$ns at 8.23 "$cbr11 start"
$ns at 9.0 "$cbr11 stop"

$ns at 8.24 "$cbr12 start"
$ns at 9.0 "$cbr12 stop"

$ns at 8.25 "$cbr13 start"
$ns at 9.0 "$cbr13 stop"

```tcl
$ns at $val(stop) "$ns nam-end-wireless $val(stop)"
$ns at $val(stop) "stop"
$ns at 10.0 "puts \"end simulation\"; $ns halt"
$ns run
Phy/WirelessPhy set freq_ 0.472e9
Phy/WirelessPhy set RXThresh_ 0.62861e-09; #100m radius
Phy/WirelessPhy set CSThresh_ [expr 0.9*[Phy/WirelessPhy set RXThresh_]]
Phy/WirelessPhy set bandwidth_ 6.0e6
Mac/802_11 set dataRate_ 200Mb
Mac/802_11 set basicRate_ 40Mb


set val(chan)        Channel/WirelessChannel    ;# channel type
set val(prop)        Propagation/TwoRayGround   ;# radio-propagation model
set val(netif)       Phy/WirelessPhy            ;# network interface type
set val(mac)         Mac/802_11                 ;# MAC type
set val(ifq)         Queue/DropTail/PriQueue    ;# interface queue type
set val(ll)          LL                         ;# link layer type
set val(ant)         Antenna/OmniAntenna        ;# antenna model
set val(ifqlen)      500                        ;# max packet in ifq
set val(nn)          50                         ;# number of nodes
set val(rp)          AODV                       ;# routing protocol
set val(x)           300                        ;# X dimension of topography
set val(y)           300                        ;# Y dimension of topography
set val(stop)        10                         ;# time of simulation end
set opt(energymodel) EnergyModel    ;
```

```tcl
set opt(initialenergy) 100          ;# Initial energy in Joules

set ns              [new Simulator]
$ns color 0 red
set tracefd      [open existingsys.tr w]
$ns trace-all $tracefd
set namtracefd      [open existingsys.nam w]
$ns namtrace-all-wireless $namtracefd $val(x) $val(y)
set f0 [open existingsys.tr w]
set topo      [new Topography]
$topo load_flatgrid $val(x) $val(y)
create-god $val(nn)
proc stop {} {
 global ns tracefd namtracefd
 $ns flush-trace
 close $tracefd
 close $namtracefd
 exec nam existingsys.nam &
 exec grep "^D" existingsys.tr > existingsys.txt
 exit 0
}

$ns node-config   -adhocRouting $val(rp) \
                  -llType $val(ll) \
                  -macType $val(mac) \
                  -ifqType $val(ifq) \
                  -ifqLen $val(ifqlen) \
                  -antType $val(ant) \
                  -propType $val(prop) \
                  -phyType $val(netif) \
```

```tcl
                              -channelType $val(chan) \
                              -topoInstance $topo \
                              -agentTrace ON \
                              -routerTrace ON \
                              -macTrace OFF \
                              -movementTrace OFF \
                                       -energyModel $opt(energymodel) \
                                       -idlePower 0.001 \
                                       -rxPower 1.0 \
                                       -txPower 1.0 \
                                       -sleepPower 0.001 \
                                       -transitionPower 0.7 \
                                       -transitionTime 0.005 \
                                       -initialEnergy $opt(initialenergy)


set n0 [$ns node]
$n0 color "black"
$ns at 0.8 "$n0 color green"
$ns at 4.8 "$n0 color yellow"
$ns at 5.2 "$n0 color red"
$n0 label "S"


#set n1 [$ns node]
#$n1 color "black"
#$ns at 0.8 "$n1 color green"
#$n1 label "U"


set n2 [$ns node]
$n2 color "black"
$ns at 0.8 "$n2 color green"
```

```
$n2 label "B"

set n3 [$ns node]
$n3 color "black"
$ns at 0.8 "$n3 color green"
$ns at 4.8 "$n3 color yellow"
$ns at 5.8 "$n3 color red"
$n3 label "C"

set n4 [$ns node]
$n4 color "blue"
$ns at 0.0 "$n4 color blue"
$n4 label "D"

set n5 [$ns node]
$n5 color "blue"
$ns at 0.0 "$n5 color blue"
$n5 label "E"

set n6 [$ns node]
$n6 color "blue"
$ns at 0.0 "$n6 color blue"
$n6 label "F"

set n7 [$ns node]
$n7 color "black"
$ns at 0.8 "$n7 color green"
$n7 label "G"

set n8 [$ns node]
```

```
$n8 color "black"
$ns at 0.8 "$n8 color green"
$n8 label "H"


#set n9 [$ns node]
#$n9 color "black"
#$ns at 0.8 "$n9 color green"
#$n9 label "T"


set n10 [$ns node]
$n10 label "Data Aggregator3"
$n10 add-mark "m1" "green" "circle"
$ns at 5.0 "$n10 delete-mark m1"
$ns at 5.0 "$n10 add-mark m1 green circle"


set n11 [$ns node]
$n11 color "blue"
$ns at 0.0 "$n11 color blue"
$n11 label "J"


set n12 [$ns node]
$n12 color "black"
$ns at 0.8 "$n12 color green"
$n12 label "K"


set n13 [$ns node]
$n13 label "Data Aggregator2"
$ns at 5.0 "$n13 delete-mark m1"
$ns at 5.0 "$n13 add-mark m1 green circle"
$n13 add-mark "m1" "green" "circle"
```

```
set n14 [$ns node]
$n14 color "black"
#$ns at 5.0 "$n14 delete-mark m1"
#$ns at 5.0 "$n14 add-mark m1 green circle"
#$n14 add-mark "m1" "green" "circle"
$ns at 0.8 "$n14 color green"
$n14 label "L"

set n15 [$ns node]
$n15 color "black"
$ns at 0.8 "$n15 color green"
$n15 label "O"

set n16 [$ns node]
$n16 color "blue"
$ns at 0.0 "$n16 color blue"
$ns at 5.1 "$n16 color blue"
$n16 label "P"

set n17 [$ns node]
$n17 color "black"
$ns at 0.8 "$n17 color green"
$n17 label "Q"

set n18 [$ns node]
$n18 color "black"
$ns at 0.8 "$n18 color green"
$n18 label "P"
```

```tcl
set n19 [$ns node]
$n19 color "black"
$ns at 0.8 "$n19 color green"
$n19 label "Q"

set n20 [$ns node]
$n20 shape "square"
$n20 label "Satellite"
$n20 add-mark "m1" "black" "square"
#$n20 add-mark "m2" "black" "square"

set n21 [$ns node]
$n21 color "black"
$ns at 0.8 "$n21 color green"
$n21 label "T"

set n22 [$ns node]
$n22 color "black"
$ns at 2.1 "$n22 color green"
$ns at 5.1 "$n22 color green"
$n22 label "U"

set n23 [$ns node]
$n23 shape "triangle"
$n23 color "blue"
$n23 add-mark "m1" "purple" "square"
$n23 add-mark "m2" "orange" "square"
$ns at 0.0 "$n23 color blue"
$ns at 5.1 "$n23 color blue"
$n23 label "Ship (Base Station)"
```

```tcl
set n24 [$ns node]
$n24 color "black"
$ns at 2.1 "$n24 color green"
$ns at 5.1 "$n24 color green"
$n24 label "X"

#set n26 [$ns node]
#$n26 color "black"
#$ns at 2.1 "$n26 color green"
#$ns at 5.1 "$n26 color green"
#$n26 label "Y"

set n25 [$ns node]
$n25 label "Data Aggregator1"
$n25 add-mark "m1" "green" "circle"
$ns at 5.0 "$n25 delete-mark m1"
$ns at 5.0 "$n25 add-mark m1 green circle"

set n26 [$ns node]
$n26 color "blue"
$ns at 0.0 "$n26 color blue"

set n27 [$ns node]
$n27 color "blue"
$ns at 0.0 "$n27 color blue"

set n28 [$ns node]
$n28 color "blue"
$ns at 0.0 "$n28 color blue"
```

```
#set n29 [$ns node]
#$n29 color "blue"
#$ns at 0.0 "$n29 color blue"

set n30 [$ns node]
$n30 color "blue"
$ns at 0.0 "$n30 color blue"

set n31 [$ns node]
$n31 color "blue"
$ns at 0.0 "$n31 color blue"

set n32 [$ns node]
$n32 color "blue"
$ns at 0.0 "$n32 color blue"

set n33 [$ns node]
$n33 color "blue"
$ns at 0.0 "$n33 color blue"

set n34 [$ns node]
$n34 color "blue"
$ns at 0.0 "$n34 color blue"

set n35 [$ns node]
$n35 color "blue"
$ns at 0.0 "$n35 color blue"
```

```tcl
set n36 [$ns node]
$n36 color "blue"
$ns at 0.0 "$n36 color blue"

set n37 [$ns node]
$n37 color "blue"
$ns at 0.0 "$n37 color blue"

set n38 [$ns node]
$n38 color "blue"
$ns at 0.0 "$n38 color blue"

set n39 [$ns node]
$n39 color "blue"
$ns at 0.0 "$n39 color blue"

set n40 [$ns node]
$n40 color "black"
$ns at 2.1 "$n40 color green"
$ns at 5.1 "$n40 color green"
$n40 label "Y"

set n41 [$ns node]
$n41 color "blue"
$ns at 0.0 "$n41 color blue"

set n42 [$ns node]
$n42 color "blue"
```

```
$ns at 0.0 "$n42 color blue"


$n0 set X_ -47.0
$n0 set Y_ 155.0
$n0 set Z_ 0.0

#$n1 set X_ 11.0
#$n1 set Y_ 42.0
#$n1 set Z_ 0.0

$n2 set X_ -47.0
$n2 set Y_ 80.0
$n2 set Z_ 0.0

$n3 set X_ 68.0
$n3 set Y_ 80.0
$n3 set Z_ 0.0

$n4 set X_ 137.0
$n4 set Y_ 206.0
$n4 set Z_ 0.0

$n5 set X_ 11.0
$n5 set Y_ 205.0
$n5 set Z_ 0.0

$n6 set X_ 69.0
$n6 set Y_ 205.0
$n6 set Z_ 0.0
```

$n7 set X_ 12.0
$n7 set Y_ 82.0
$n7 set Z_ 0.0

$n8 set X_ 68.2
$n8 set Y_ 159.8
$n8 set Z_ 0.0

#$n9 set X_ 67.6
#$n9 set Y_ 43.0
#$n9 set Z_ 0.0

$n10 set X_ 271.0
$n10 set Y_ 117.0
$n10 set Z_ 0.0

$n11 set X_ -46.0
$n11 set Y_ 205.0
$n11 set Z_ 0.0

$n12 set X_ -46.0
$n12 set Y_ 119.0
$n12 set Z_ 0.0

$n13 set X_ 271.0
$n13 set Y_ 165.0
$n13 set Z_ 0.0

$n14 set X_ 138.0
$n14 set Y_ 80.0
$n14 set Z_ 0.0

$n15 set X_ 69.0
$n15 set Y_ 124.0
$n15 set Z_ 0.0

$n16 set X_ 203.0
$n16 set Y_ 204.0
$n16 set Z_ 0.0

$n17 set X_ 12.0
$n17 set Y_ 123.0
$n17 set Z_ 0.0

$n18 set X_ 137.0
$n18 set Y_ 161.0
$n18 set Z_ 0.0

$n19 set X_ 13.0
$n19 set Y_ 157.0
$n19 set Z_ 0.0

$n20 set X_ -46.0
$n20 set Y_ 250.0
$n20 set Z_ 0.0

$n21 set X_ 136.0
$n21 set Y_ 120.0

$n21 set Z_ 0.0

$n22 set X_ 204.0
$n22 set Y_ 121.0
$n22 set Z_ 0.0

$n23 set X_ 270.0
$n23 set Y_ 205.0
$n23 set Z_ 0.0

$n24 set X_ 203.0
$n24 set Y_ 161.0
$n24 set Z_ 0.0

$n25 set X_ 271.0
$n25 set Y_ 78.0
$n25 set Z_ 0.0

$n26 set X_ 40.75
$n26 set Y_ 193.52
$n26 set Z_ 0.0

$n27 set X_ 118.00
$n27 set Y_ 197.23
$n27 set Z_ 0.0

#$n1 set X_ 11.0
#$n1 set Y_ 42.0
#$n1 set Z_ 0.0

$n28 set X_ 218.78
$n28 set Y_ 197.85
$n28 set Z_ 0.0

#$n29 set X_ 68.0
#$n29 set Y_ 86.0
#$n29 set Z_ 0.0

$n30 set X_ 55.4
$n30 set Y_ 196.4
$n30 set Z_ 0.0

$n31 set X_ 84.44
$n31 set Y_ 197.64
$n31 set Z_ 0.0

$n32 set X_ 189.36
$n32 set Y_ 196.382
$n32 set Z_ 0.0

$n33 set X_ 151.62
$n33 set Y_ 196.31
$n33 set Z_ 0.0

$n34 set X_ -18.31
$n34 set Y_ 194.46
$n34 set Z_ 0.0

#$n9 set X_ 67.6

#$n9 set Y_ 43.0
#$n9 set Z_ 0.0

$n35 set X_ 26.3
$n35 set Y_ 200.01
$n35 set Z_ 0.0

$n36 set X_ 102.31
$n36 set Y_ 194.44
$n36 set Z_ 0.0

$n37 set X_ 253.07
$n37 set Y_ 196.7
$n37 set Z_ 0.0

$n38 set X_ 235.64
$n38 set Y_ 192.29
$n38 set Z_ 0.0

$n39 set X_ -1.44
$n39 set Y_ 196.74
$n39 set Z_ 0.0

$n40 set X_ 203.101
$n40 set Y_ 83.03
$n40 set Z_ 0.0

$n41 set X_ 168.34
$n41 set Y_ 192.41

```
$n41 set Z_ 0.0


$n42 set X_ -34.34
$n42 set Y_ 195.50
$n42 set Z_ 0.0




$ns initial_node_pos $n0 10
#$ns initial_node_pos $n1 10
$ns initial_node_pos $n2 10
$ns initial_node_pos $n3 10
$ns initial_node_pos $n4 10
$ns initial_node_pos $n5 10
$ns initial_node_pos $n6 10
$ns initial_node_pos $n7 10
$ns initial_node_pos $n8 10
#$ns initial_node_pos $n9 10
$ns initial_node_pos $n10 10
$ns initial_node_pos $n11 10
$ns initial_node_pos $n12 10
$ns initial_node_pos $n13 10
$ns initial_node_pos $n14 10
$ns initial_node_pos $n15 10
$ns initial_node_pos $n16 10
$ns initial_node_pos $n17 10
$ns initial_node_pos $n18 10
```

```tcl
$ns initial_node_pos $n19 10
$ns initial_node_pos $n20 10
$ns initial_node_pos $n21 10
$ns initial_node_pos $n22 10
$ns initial_node_pos $n23 10
$ns initial_node_pos $n24 10
$ns initial_node_pos $n25 10
$ns initial_node_pos $n26 10
$ns initial_node_pos $n27 10
$ns initial_node_pos $n28 10
#$ns initial_node_pos $n29 10
$ns initial_node_pos $n30 10
$ns initial_node_pos $n31 10
$ns initial_node_pos $n32 10
$ns initial_node_pos $n33 10
$ns initial_node_pos $n34 10
$ns initial_node_pos $n35 10
$ns initial_node_pos $n36 10
$ns initial_node_pos $n37 10
$ns initial_node_pos $n38 10
$ns initial_node_pos $n39 10
$ns initial_node_pos $n40 10
$ns initial_node_pos $n41 10
$ns initial_node_pos $n42 10


proc record {} {
    global sink0 f0
        #Get an instance of the simulator
        set ns [Simulator instance]
```

```
    #Set the time after which the procedure should be called again
    set time 0.5
        #How many bytes have been received by the traffic sinks?
    set bw0 [$sink0 set bytes_]
        #Get the current time
    set now [$ns now]
        #Calculate the bandwidth (in MBit/s) and write it to the files
    puts $f0 "$now [expr $bw0/$time*8/1000000]"
        #Reset the bytes_ values on the traffic sinks
    $sink0 set bytes_ 0
        #Re-schedule the procedure
    $ns at [expr $now+$time] "record"
}


set udp [new Agent/UDP]
$ns attach-agent $n19 $udp
set null0 [new Agent/Null]
$ns attach-agent $n18 $null0
$ns connect $udp $null0
set cbr0 [new Application/Traffic/CBR]
$cbr0 set packetSize_ 160
$cbr0 attach-agent $udp

set udp [new Agent/UDP]
$ns attach-agent $n18 $udp
set null0 [new Agent/Null]
$ns attach-agent $n13 $null0
$ns connect $udp $null0
set cbr1 [new Application/Traffic/CBR]
$cbr1 set packetSize_ 160
```

```tcl
$cbr1 attach-agent $udp

set udp [new Agent/UDP]
$ns attach-agent $n7 $udp
set null0 [new Agent/Null]
$ns attach-agent $n14 $null0
$ns connect $udp $null0
set cbr2 [new Application/Traffic/CBR]
$cbr2 set packetSize_ 160
$cbr2 attach-agent $udp

set udp [new Agent/UDP]
$ns attach-agent $n14 $udp
set null0 [new Agent/Null]
$ns attach-agent $n25 $null0
$ns connect $udp $null0
set cbr3 [new Application/Traffic/CBR]
$cbr3 set packetSize_ 160
$cbr3 attach-agent $udp

set udp [new Agent/UDP]
$ns attach-agent $n25 $udp
set null0 [new Agent/Null]
$ns attach-agent $n13 $null0
$ns connect $udp $null0
set cbr4 [new Application/Traffic/CBR]
$cbr4 set packetSize_ 160
$cbr4 attach-agent $udp

set udp [new Agent/UDP]
```

```tcl
$ns attach-agent $n13 $udp
set null0 [new Agent/Null]
$ns attach-agent $n23 $null0
$ns connect $udp $null0
set cbr5 [new Application/Traffic/CBR]
$cbr5 set packetSize_ 160
$cbr5 attach-agent $udp


set udp [new Agent/UDP]
$ns attach-agent $n23 $udp
set null0 [new Agent/Null]
$ns attach-agent $n20 $null0
$ns connect $udp $null0
set cbr6 [new Application/Traffic/CBR]
$cbr6 set packetSize_ 160
$cbr6 attach-agent $udp


set udp [new Agent/UDP]
$ns attach-agent $n20 $udp
set null0 [new Agent/Null]
$ns attach-agent $n23 $null0
$ns connect $udp $null0
set cbr7 [new Application/Traffic/CBR]
$cbr7 set packetSize_ 160
$cbr7 attach-agent $udp
###
set udp [new Agent/UDP]
$ns attach-agent $n23 $udp
set null0 [new Agent/Null]
$ns attach-agent $n13 $null0
```

$ns connect $udp $null0

set cbr8 [new Application/Traffic/CBR]

$cbr8 set packetSize_ 160

$cbr8 attach-agent $udp

set udp [new Agent/UDP]

$ns attach-agent $n13 $udp

set null0 [new Agent/Null]

$ns attach-agent $n25 $null0

$ns connect $udp $null0

set cbr9 [new Application/Traffic/CBR]

$cbr9 set packetSize_ 160

$cbr9 attach-agent $udp

set udp [new Agent/UDP]

$ns attach-agent $n13 $udp

set null0 [new Agent/Null]

$ns attach-agent $n18 $null0

$ns connect $udp $null0

set cbr10 [new Application/Traffic/CBR]

$cbr10 set packetSize_ 160

$cbr10 attach-agent $udp

set udp [new Agent/UDP]

$ns attach-agent $n25 $udp

set null0 [new Agent/Null]

set sink0 [new Agent/LossMonitor]

$ns attach-agent $n14 $sink0

$ns attach-agent $n14 $null0

$ns connect $udp $null0

```
set cbr11 [new Application/Traffic/CBR]
$cbr11 set packetSize_ 160
#$cbr11 set interval_ 0.009
$cbr11 attach-agent $udp

set udp [new Agent/UDP]
$ns attach-agent $n18 $udp
set null0 [new Agent/Null]
$ns attach-agent $n19 $null0
$ns connect $udp $null0
set cbr12 [new Application/Traffic/CBR]
$cbr12 set packetSize_ 160
$cbr12 attach-agent $udp

set udp [new Agent/UDP]
$ns attach-agent $n14 $udp
set null0 [new Agent/Null]
set sink0 [new Agent/LossMonitor]
$ns attach-agent $n7 $sink0
$ns attach-agent $n7 $null0
$ns connect $udp $null0
set cbr13 [new Application/Traffic/CBR]
$cbr13 set packetSize_ 160
#$cbr13 set interval_ 0.009
$cbr13 attach-agent $udp

set udp [new Agent/UDP]
$ns attach-agent $n12 $udp
set null0 [new Agent/Null]
$ns attach-agent $n10 $null0
```

```
$ns connect $udp $null0
set cbr14 [new Application/Traffic/CBR]
$cbr14 set packetSize_ 160
$cbr14 attach-agent $udp

set udp [new Agent/UDP]
$ns attach-agent $n21 $udp
set null0 [new Agent/Null]
set sink0 [new Agent/LossMonitor]
$ns attach-agent $n10 $sink0
$ns attach-agent $n10 $null0
$ns connect $udp $null0
set cbr15 [new Application/Traffic/CBR]
$cbr15 set packetSize_ 160
#$cbr13 set interval_ 0.009
$cbr15 attach-agent $udp




 #$ns at 0.0 "record"

#$ns at 10.0 "$ns trace-annotate \"END\""
$ns at $val(stop) "$n0 reset";
#$ns at $val(stop) "$n1 reset";
$ns at $val(stop) "$n2 reset";
$ns at $val(stop) "$n3 reset";
$ns at $val(stop) "$n4 reset";
$ns at $val(stop) "$n5 reset";
$ns at $val(stop) "$n6 reset";
$ns at $val(stop) "$n7 reset";
```

```
$ns at $val(stop) "$n8 reset";
#$ns at $val(stop) "$n9 reset";
$ns at $val(stop) "$n10 reset";
$ns at $val(stop) "$n11 reset";
$ns at $val(stop) "$n12 reset";
$ns at $val(stop) "$n13 reset";
$ns at $val(stop) "$n14 reset";
$ns at $val(stop) "$n15 reset";
$ns at $val(stop) "$n16 reset";
$ns at $val(stop) "$n17 reset";
$ns at $val(stop) "$n18 reset";
$ns at $val(stop) "$n19 reset";
$ns at $val(stop) "$n20 reset";
$ns at $val(stop) "$n21 reset";
$ns at $val(stop) "$n22 reset";
$ns at $val(stop) "$n23 reset";
$ns at $val(stop) "$n24 reset";
$ns at $val(stop) "$n25 reset";
$ns at $val(stop) "$n26 reset";

$ns at 4.5 "$ns trace-annotate \"we used 4 sec TDMA slot...\""

$ns at 4.6 "$ns trace-annotate \"16 bytes packet, 11 bytes payload and 16 bytes is send....\""

$ns at 4.8 "$ns trace-annotate \"Node C and Node S battery level decreases low....\""

$ns at 5.6 "$ns trace-annotate \"Node C and Node S battery reaches critical....\""

$ns at 8.06 "$ns trace-annotate \"Node C and Node S run out of battery....\""
```

```tcl
$ns at 8.6 "$ns trace-annotate \"No recharging facility....\""


$ns at 0.3  "$cbr0 start"
$ns at 8.5 "$cbr0 stop"

$ns at 3.5  "$cbr1 start"
$ns at 8.5 "$cbr1 stop"

$ns at 0.3  "$cbr2 start"
$ns at 8.5 "$cbr2 stop"

$ns at 3.5  "$cbr3 start"
$ns at 8.5 "$cbr3 stop"

$ns at 5.5  "$cbr4 start"
$ns at 8.5 "$cbr4 stop"

$ns at 5.5  "$cbr5 start"
$ns at 8.5 "$cbr5 stop"

$ns at 6.5  "$cbr6 start"
$ns at 9.0 "$cbr6 stop"

#$ns at 7.6  "$cbr7 start"
#$ns at 8.0 "$cbr7 stop"

#$ns at 8.1  "$cbr8 start"
#$ns at 9.0 "$cbr8 stop"
```

```
#$ns at 8.2  "$cbr9 start"
#$ns at 9.0 "$cbr9 stop"


#$ns at 8.21  "$cbr10 start"
#$ns at 9.0 "$cbr10 stop"


#$ns at 8.23  "$cbr11 start"
#$ns at 9.0 "$cbr11 stop"


#$ns at 8.24  "$cbr12 start"
#$ns at 9.0 "$cbr12 stop"


#$ns at 8.25  "$cbr13 start"
#$ns at 9.0 "$cbr13 stop"


#$ns at 0.3  "$cbr14 start"
#$ns at 9.0 "$cbr14 stop"


#$ns at 3.5  "$cbr15 start"
#$ns at 5.5 "$cbr15 stop"




$ns at $val(stop) "$ns nam-end-wireless $val(stop)"
$ns at $val(stop) "stop"
$ns at 10.0 "puts \"end simulation\"; $ns halt"
$ns run
```

```awk
BEGIN {

# Initialization. Set two variables. fsDrops: packets drop. numFs: packets sent

#       numTs = 0;
#numTr=0;
#numTd=0;

}

{

  action = $1;

  time = $3;

  packet_type = $9;

  count=1;




  #============= CALCULATE ENERGY TRANSFERRED
  ===============================#

      if ((action="r")&&($5 = 3)&&($5 >
0)&&(time>=2)&&($5!="sim_annotation")&&($3>0)&&($3<3))
  {
```

```
		print $3, " ",$5;


	}


		else if ((action="r")&&($5 >
0)&&($5=19)&&(time>=2)&&($5!="sim_annotation")&&($3>3)&&($3<5))
	{

	print $3, " ",$5;


	}


		else if ((action="r")&&($5 >
0)&&($5=23)&&(time>=2)&&($5!="sim_annotation")&&($3>5))
	{

	print $3, " ",$5;


	}




	}

END {

	}
```

```awk
BEGIN {

# Initialization. Set two variables. fsDrops: packets drop. numFs: packets sent

#      numTs = 0;
#numTr=0;
#numTd=0;

}

{

  action = $1;

  time = $3;

  packet_type = $9;

  count=1;




  #============== CALCULATE ENERGY TRANSFERRED
==============================#
        if ((action="r")&&($5 = 2)&&($5 >
0)&&(time>=2)&&($5!="sim_annotation")&&($3>0)&&($3<3))
  {
```

```awk
        print $3, " ",$5;


}


        else if ((action="r")&&($5 >
0)&&($5=15)&&(time>=2)&&($5!="sim_annotation")&&($3>3)&&($3<5))
{

        print $3, " ",$5;


}


        else if ((action="r")&&($5 >
0)&&($5=27)&&(time>=2)&&($5!="sim_annotation")&&($3>5))
{

        print $3, " ",$5;


}



}


END {

}
BEGIN {
```

```awk
# Initialization. Set two variables. fsDrops: packets drop. numFs: packets sent

#       numTs = 0;
#numTr=0;
#numTd=0;

}

{

  action = $1;

  time = $3;

  packet_type = $9;

  count=1;



#============== CALCULATE ENERGY TRANSFERRED
================================#


      if ((action="r")&&($5 = 3)&&($5 >
0)&&(time>=2)&&($5!="sim_annotation")&&($3>0)&&($3<3))
  {
```

```awk
        print $3, " ",$5;


}


        else if ((action="r")&&($5 >
0)&&($5=14)&&(time>=2)&&($5!="sim_annotation")&&($3>3)&&($3<5))
{


    print $3, " ",$5;


}


        else if ((action="r")&&($5 >
0)&&($5=32)&&(time>=2)&&($5!="sim_annotation")&&($3>5))
{


    print $3, " ",$5;


}


        else if ((action="r")&&($5 >
0)&&($5=37)&&(time>=2)&&($5!="sim_annotation")&&($3>5))
{


    print $3, " ",$5;


}


}
```

```awk
END {

}
BEGIN {

# Initialization. Set two variables. fsDrops: packets drop. numFs: packets sent

#      numTs = 0;
#numTr=0;
#numTd=0;

}

{

  action = $1;

  time = $3;

  packet_type = $9;

  count=1;

#============== CALCULATE ENERGY TRANSFERRED
===============================#

        if ((action="s")&&(($5 =
0)||($5=19)||($5=24))&&($7!="cbr")&&($7!="AODV")&&($7!="C")&&($7!="used")&&(
```

```
$7!="path")&&($7!="bytes")&&($7!="ARP")&&($7!="recharging")&&($7!="received")
&&(time>=2))
{

    print $5, " ",$7;

}



}


END {


}
```

Printed by Books on Demand GmbH, Norderstedt / Germany